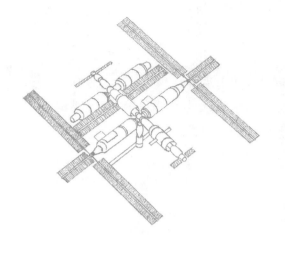

李锐　孙长英　曹雪莹　◎编著

中华文化里的物理元素

九州出版社
JIUZHOU PRESS

图书在版编目（CIP）数据

中华文化里的物理元素 / 李锐，孙长英，曹雪莹编

著. -- 北京：九州出版社，2022.4

ISBN 978-7-5225-0885-6

Ⅰ.①中… Ⅱ.①李… ②孙… ③曹… Ⅲ.①中学物

理课–教学研究 Ⅳ.①G633.72

中国版本图书馆 CIP 数据核字 (2022) 第 062967 号

中华文化里的物理元素

作　　者 李　锐　孙长英　曹雪莹　编著

责任编辑　陈春玲

出版发行　九州出版社

地　　址　北京市西城区阜外大街甲 35 号 (100037)

发行电话　(010)68992190/3/5/6

网　　址　www.jiuzhoupress.com

电子信箱　jiuzhou@jiuzhoupress.com

印　　刷　长沙市精宏印务有限公司

开　　本　710 毫米 × 1000 毫米　16 开

印　　张　10.5

字　　数　120 千字

版　　次　2022 年 4 月第 1 版

印　　次　2022 年 4 月第 1 次印刷

书　　号　ISBN 978-7-5225-0885-6

定　　价　59.00 元

序　一

　　几个月前，北京师范大学天津生态城附属学校李锐等老师将他们编写的《中华文化里的物理元素》一书初稿送给我，希望我给提点意见。说心里话，我非常愿意阅读这样的著作，一方面有助于我了解一线教师的教育思想和心路历程；另外也有助于我补充自己教育教学经验的不足。但对于写序言一事，多有犹豫，怕写得不好，辜负了一个优秀物理教师团队的热忱，也影响读者的兴致。无奈盛情难却，加之读后确有一些想法，与各位交流，敬请大家批评。

　　中华文化、中华精神是我们文化自信的源泉。党中央明确指出了实现中华民族伟大复兴是中华民族近代以来最伟大的梦想。中国复兴梦不仅是经济的崛起、国力的整体提升，更是作为国家软实力标志的文化的复兴，这是中华民族的根和魂，是中华民族的精气神。为贯彻习近平新时代中国特色社会主义思想、关于革命传统教育要从娃娃抓起的重要指示和党的十九大精神，落实全国教育大会精神，充分发挥中小学教材承载的中华优秀传统文化的教育功能和其在革命传统教育中的重要作用，全国各级各类学校都在加强引导学生树立正确的历史观、民族观、国家观、文化观，增强做中国人的骨气和底气，因此激活中华优秀传统文化的深厚底蕴，弘扬红色革命文化的道德理想已经成为中小学教育的重要任务和根本目标。

北京师范大学天津生态城附属学校多年来非常重视在教学中落实中华优秀传统文化和革命文化的教育，经过数年的努力和实践，编写了《中华文化里的物理元素》一书。本书以李约瑟难题为起点，以钱学森之问为动机，结合中学物理教学知识体系，通过搜集大量的文献材料，来寻找中华民族在 5000 多年文明发展中孕育的中华优秀传统文化，寻找在中国共产党和中国人民伟大斗争中孕育的革命文化和社会主义先进文化，从而整理出与中学物理知识相匹配的中国古代成就、古代诗歌、成语故事、民间俗语、中国物理学家的革命故事等具有代表性和可操作性的优秀中国物理元素并编辑成册，以便为全国广大物理教师提供更多的教学素材，指明在物理教学中实践文化自信的基本路径和类型。比如教师在讲《浮力》一课时，可以用本书提供的相关素材"怀丙河底捞铁牛"的故事导入，让学生分析怀丙和尚是利用什么原理把铁牛打捞上来的，引出新课名称的同时，激发学生的学习热情。然后向学生介绍我国古代著作《墨经·经下》中有"荆之大，其沈浅也。说在具"，清朝郑板桥的《怀潍县》一诗中有"只凭风力健，不假羽毛丰。红线凌空去，青云有路通"，让学生了解中国古代智慧的劳动人民和知识分子们早已对物理现象有了一定的观察与思考。此后再用"石沉大海""水涨船高"等成语让学生掌握判断浮力大小的决定性因素。最后通过本课所学知识再次解释"怀丙河底捞铁牛"的原理。

通过有效融入中华优秀传统文化可以实现培养学生的文化自信和国家认同感，同时也将科学与爱国紧密地连接在了一起。本书的内容通过对初高中学生的教学实践，并以调查问卷、名师访谈和教研交流等方式进行调研，最后证明结合本书内容来教学具有很强的实践价值和推广意义。

李春密

2021 年 11 月 20 日于北京

（李春密系北京师范大学物理学系教授、博士生导师，中国教育学会物理教学专业委员会副理事长兼秘书长）

序　二

　　《中华文化里的物理元素》一书，以中学物理学科知识体系为线索，介绍了大量与中学物理教学相关的中华优秀文化，分析了其中蕴含的物理学意义。包括中华优秀传统文化，如中国古代成就、古代诗歌、成语故事、民间俗语等；也包括当代中国革命和社会建设的优秀文化，如中国共产党与敌人斗争的革命精神和智慧、现代社会主义先进文化、现代科技等。

　　本书的作者李锐、孙长英等老师所在的教学团队还积极将书中的素材应用于中学生文化自信教育的研究和教学实践中。他们在北京师范大学天津生态城附属学校的八年级、九年级和高一进行了一系列相关教学实践探索，总结出了比较有效的在物理教学中渗透文化自信教育的教学模式，取得了良好的教学效果；他们在全国多个地区和学校进行关于中学物理教学渗透文化自信教育的分享和交流活动，包括参与天津市教育科学研究院课程教学研究中心组织的"庆祝建党100周年，研究在物理教学中增强文化自信"展示交流活动，受到有关专家和广大中学物理教师的好评。

立德树人是教育的使命，培养什么人、为谁培养人、如何培养人是每一位教育人都要思考并必须回答好的问题。中华民族正走在实现中华民族伟大复兴的伟大征程上，培养具有中华文化自信、中华优秀精神和中华优秀文化底蕴的德智体美劳全面发展的中国特色社会主义事业的接班人和建设者是每位中国教育人的初心和使命。开展中华优秀文化教育，增强学生的民族文化认同、民族文化自信、民族身份认同是我们每位中国教育人的现实任务。

我校李锐老师等人的教学团队编写的《中华文化里的物理元素》一书为广大中学物理教师在教学中渗透中华优秀文化提供了有价值、可操作的教学素材，相信他们的物理教学渗透文化自信教育的教学实践和模式也能够对更广大的文化自信教育提供参考和借鉴。

2021 年 11 月 20 日

(程凤春系北京师范大学教授、北京师范大学天津生态城附属学校校长)

序三：
北师大教育集团教研团队在行动

听闻李锐等几位老师的《中华文化里的物理元素》马上就要出版了，我心里着实感到高兴。由于工作关系，尽管已多次听到李校长在带领课题组老师们做相关交流，然而再次阅读样稿时，仍然是爱不释手，读来收获满满。

《中华文化里的物理元素》一书是北京师范大学天津生态城附属学校物理组多年在教学中注重落实弘扬中华优秀传统文化和革命文化的实践结晶，也是北京师范大学教育集团学科教育研究共同体不断发展、不断壮大、不断研究的产物。

北京师范大学教育集团学科教育研究共同体是指北师大教育集团依托合作学校的学科优势，整合北师大和地方的学科专家资源建立的学科教育研究组织。其目标是为教师搭建教学研究、学科建设交流的平台，共享教育资源，促进教师专业水平提升和学科发展；加强合作学校之间的交流，提升合作学校的教育教学质量和综合水平；建设具有示范、引领作用的基础教育协同创新平台。

北师大天津生态城附校物理组的老师们，在李锐老师的带领下，边研究边实践，并通过集团学科教育研究共同体毫不保留地将本校的研究路径和成功经验向集团各校做经验交流分享。正是因为有这样一位开拓者和引领者，才有越来越多的学校和老师在物理教学中注重传统文化元素的渗透，并以此落实了学科核心素养，提高了学生的文化自信。同时，随着研究队伍的壮大，学科研究共同体也有了更好的发展。

总之，我们再次对《中华文化里的物理元素》一书的即将问世表示祝贺，也希望有更多的老师结合自身实践开展越来越多的研究，并通过学科教育研究共同体固化成果。

高永静

2021 年 11 月 20 日

（高永静系北京师范大学教育集团教研中心物理学科教研员）

中华文化里的物理元素

Contents
目录

第一辑：力　学

第二辑：热　学

第三辑：声　学

第四辑：光　学

第五辑：电磁学

Part 1

第一辑

力 学

运动的描述

1. 参考系

【成语】

（1）水涨船高

释义：水位升高，船身也随之浮起。比喻事物随着它所凭借的基础的提高而提高。

物理元素："水涨"是以河岸为参照物，水面的位置发生了变化，水面是升高的；"船高"同样是以河岸为参照物，船是升高的。但如果船以水面为参照物，船与水面位置没有改变，船是静止的。因此，这句话同时也说明了运动和静止是相对的。

（2）旭日东升

释义：旭日，初升的太阳。早上太阳从东方升起，形容朝气蓬勃的气象，也比喻艰苦的岁月已过去，美好的日子刚刚来到。

物理元素：太阳从东方升起是以地球作为参照物的。

◎刻舟求剑

（3）刻舟求剑

释义：楚国有个人过江时把剑掉在水里，他在剑落处对应的船帮上刻记号，等船靠岸停下后，他从刻记号的地方下水找剑，结果自然找不到。比喻拘泥成例，不知道跟着情势的变化而改变。

物理元素：刻舟人最终未能寻到其落水的剑，是因为船相对于河岸是运动的，而剑相对于河岸是静止的。

【俗语】

（1）逆水行舟，不进则退

释义：逆水而上的船，不用力开就会随着水流而后退。

物理元素：没有开动的船如果以水流为参照物，船是静止的；如果以岸为参照物，船就是后退的。

（2）山不转水转

释义：山、水、人等具体事物都是运动的、变化的、发展的。

物理元素：静止都是相对的，而运动是绝对的。在绝对运动中有相对静止，在相对静止中有绝对运动。

【诗词】

（1）"人在桥上走，桥流水不流。"——［隋朝］释大观《偈颂五十一首其一》

释义：人在过桥的过程中，看见桥在流动，水却是静止的。

物理元素：人在桥上走，以桥为参照物，人和桥之间的位置是变化的，所以人是运动的；以流动的水为参照物，水是相对静止的，桥就是运动的，所以会感觉"桥流水不流"。

（2）"不疑行船动，唯看远树来。"——［南北朝］萧绎《早发龙巢》

释义：感觉不到船在运动，只是看见树从远处向人走来。

物理元素：以诗人自己为参照物，行船处于相对静止状态；远处的树和行船之间的位置不断发生变化，以行船为参照物，树是运动的，所以会感到"远树来"。

（3）"枯藤老树昏鸦，小桥流水人家。"——［元朝］马致远《天净沙·秋思》

释义：秋天，树的叶子落了，到处都是干枯的藤蔓，黄昏时刻，乌鸦停在树枝上发出悲伤的叫声，小桥下流水哗哗作响，小桥边庄户人家炊烟袅袅。诗人用白描的手法，几个词语就描绘了一个形象生动的画面，表达了对家乡的思念之情。

物理元素：诗句"枯藤老树昏鸦"，老树和参照物枯藤之间没有位置的改变，所以以老树为参照物枯藤是静止的；诗句"小桥流水人家"中，小桥和流水之间发生了位置的改变，所以以小桥为参照物流水是运动的。

（4）"两岸青山相对出，孤帆一片日边来。"——[唐朝] 李白《望天门山》

释义：两岸青山对峙，美景难分高下，遇见一叶孤舟悠悠来自天边。

物理元素："两岸青山相对出"，描写的对象是"青山"，运动状态是"出"，青山的运动是相对于船来说的，也就是说选行船为参照物，青山是运动的；"孤帆一片日边来"，描写的对象是"孤帆"，运动状态是"来"，船是运动的。

（5）"两岸猿声啼不住，轻舟已过万重山。"——[唐朝] 李白《早发白帝城》

释义：两岸猿猴的啼声不断，回荡不绝。猿猴的啼声还回荡在耳边时，轻快的小船已驶过连绵不绝的万重山峦。

物理元素：以"万重山"为参照物，"舟"是运动的。

（6）"游云西行，而谓月之东驰。"——[晋朝] 葛洪《抱朴子》

释义：云向西移动，却说月亮向东运动。

物理元素："月之东驰"是说月亮相对于"西行的游云"，也就是以云为参照物，是向东运动的。

（7）"坐地日行八万里，巡天遥看一千河。"——毛泽东《送瘟神》

释义：如果你在赤道上的话，就算你不动，地球自转一圈，你也一样运动了八万里；我们望向天空，就算不动也一样可以看遍千百条星河。

物理元素："坐地"是人与地球一起自转，故人相对于地球是静止的；这里面"坐地日行八万里"，说的是赤道地区的居民每日随地球自转一周行走 8 万里。地球的半径约为 6375 公里，地球赤道的周长应该是

2πR=2×3.1416×6375 公里=40055 公里=2×40055 里=80110 里。地球在天空转动，所以住在地球上的人们也在"巡天"。一千河，泛指宇宙中很多的星河。"巡天遥看一千河"，这句诗体现了物质运动的绝对性与静止的相对性的统一。

（8）"君到姑苏见，人家尽枕河。"——［唐朝］杜荀鹤《送人游吴》

释义：乘船到了姑苏，你就会看到，那儿的人家房屋都临河建造。

物理元素：游人乘船，船作为人的参照物，人与船是相对静止的，而游客将河岸边的房屋当作参照物，那么船与游客相对于河岸的房屋而言是运动的。所以我们在乘船游玩时，选择参照物不同，我们的运动也不相同。

（9）"卧看满天云不动，不知云与我俱东。"——［宋朝］陈与义《襄邑道中》

释义：诗人乘船，静卧船舱，仰看蓝天白云，却发现满天云朵怎么定在那里一动也不动呢？转瞬之间诗人就恍然大悟了，原来白云正默默随我同行，和我一道向东飞去呢！

物理元素：诗人静卧船中，仰望蓝天白云，此处不动，是由于选择的参照物白云与诗人的运动速度相同，所以诗人和白云是相对静止的。其实，以两岸的景物做参照物，船是顺水而下运动的，云和我都在向东行进。

（10）"小小竹排江中游，巍巍青山两岸走。"——李心田《闪闪的红星》

释义：撑着竹排在江中走，看到两岸的青山都向身后移动。

物理元素：当小小竹排江中游的时候，把竹排当作参照物，竹排与乘船人是相对静止的，而两岸青山相对于竹排和乘船人而言就是移动的，那么乘船人就会感觉魏巍青山沿着河岸走了起来。

2. 时间与空间的定义

【古代成就】

(1) 古代典籍《尸子》中提出"上下四方曰宇，往古来今曰宙"。

解析："宇"代表上下四方，所有的空间；"宙"代表古往今来，所有的时间。

物理元素：空间具有长、宽、高三维性，时间具有一维性。

3. 时间间隔和时刻

【古代成就】

(1) 战国时期《墨经·经上》中记载有："始，当时也。""时，或有久，或无久。始当无久。"

解析："始"是当初的一个时间点，是具体的，时间有的有长度，有的没有长度，"始"没有长度。

物理元素："始"表示开端，也就是时刻，而"久"表示持续的过程，也就是时间间隔。"始当无久"区分了时间点不是时间段。

4. 时间的性质

【古代成就】

(1) 汉朝《淮南子·原道训》中讲述了"日回而月周,时不与人游"。

解析:太阳回落,而月亮转动,时间不会跟人变化。

物理元素:描述了时间具有独立性。

【成语】

(1) 白驹过隙

释义:如同白色的马在缝隙前飞驰而过,转眼就不见了。

物理元素:比喻时间过得快,光阴易逝。

【俗语】

(1) 一寸光阴一寸金,寸金难买寸光阴

释义:一寸光阴和一寸长的黄金一样昂贵,而一寸长的黄金却难以买到一寸光阴。

物理元素:描述时间具有单向性,不会倒流,因此时间十分宝贵。

5. 长度和时间的测量

【古代成就】

（1）战国·楚·屈原《卜居》记载："夫尺有所短，寸有所长，物有所不足。智有所不明，数有所不逮，神有所不通。"

解析：丈、尺、寸是我国劳动人民发明的长度单位，1 丈=10 尺，1 尺=10 寸，1 寸=10 分。

物理元素：古代长度的单位及其换算。

（2）漏刻

释义：漏刻是古代的一种计时工具。据史书记载，西周时就已经出现了漏刻。漏刻由漏壶和标尺两部分构成。漏壶用于泄水或盛水，前者称泄水型漏壶，后者称受水型漏壶。标尺用于标记时刻，使用时置于壶中，随壶内水位变化而上下运动。漏壶分播水壶和受水壶两部分。播水壶分二至四层，均有小

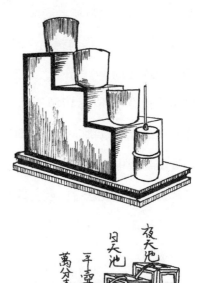

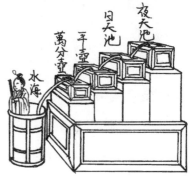

◎漏刻

◎沙漏

孔，可滴水，最后流入受水壶，受水壶里有立箭，箭上刻分100刻，箭随蓄水逐渐上升，露出刻数，以显示时间。而一昼夜24小时为100刻，即相当于现在的1440分钟。可见每刻相当于现在的14.4分钟。所以"午时三刻"相当于现在的中午1时43.2分。漏刻是一种典型的等时计时装置，计时的准确度取决于水流的均匀程度。早期漏刻大多使用单只漏壶，滴水速度受到壶中液位高度的影响，液位高，滴水速度较快；液位低，滴水速度较慢。为解决这一问题，古人进一步创制出多级漏刻装置。所谓多级漏刻，即使用多只漏壶，上下依次串联成为一组，每只漏壶都依次向其下一只漏壶中滴水。这样一来，对最下端的受水壶来说，其上方的一只泄水壶因为有同样速率的来水补充，壶内液位基本保持恒定，其自身的滴水速度也就能保持均匀。漏刻，漏刻中的漏，指漏壶；刻，指箭刻；箭，是标有时间刻度的标尺。人们也有用沙子下落进行计时的，叫沙漏。

物理元素：利用匀速运动的时间计量仪器。

（3）圭表

释义：圭表中的圭，是平卧的尺；表，是直立的标杆。早在商、周时期即被使用，是中国最古老而又简单、重要的测量日影的器具，由垂直的表和水平的圭所组成。它是利用圭表有测定冬至日所在，而确定回归年长度的功能。另经由圭表

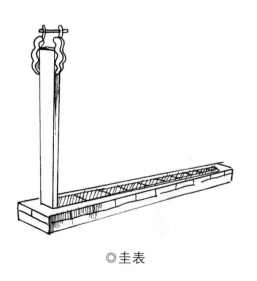

◎圭表

观测日影的变化，可确定方向和节气。圭表是度量日影长度的一种古代天文仪器，用来确定时间。垂直于地面立一根杆，通过观察记录它正午时影子的长短变化来确定季节的变化。垂直于地面的直杆叫"表"，水平放置于地面上刻有刻度以测量影长的标尺叫"圭"。早在公元前 20 世纪，即陶寺遗址时期，我国中原地区已使用圭表测影法。到了汉朝，学者还采用圭表日影长度确定二十四节气，采用圭表测影法定出黄河流域的日短至（白昼最短）这天作为冬至日，以冬至日为二十四节气的起点，将这个冬至到下一个冬至之间的时间段分割为 24 段（每段 15 日），每两个节气之间的天数平均。古人把这种方法叫"平气法"（又称"平均时间法"）。先测出冬至日，因为冬至时影子最长，其相邻几天的影长变化最为明显，更利于观测记录。

物理元素：利用光沿直线传播原理的时间计量仪器。

（4）日晷仪

释义：日晷仪，又称为"日规"，简称"日晷"。日晷是由圭表演变而来，在西汉以前是人们普遍使用的计时工具。它是一种利用日影测量时间的仪器，如《说文解字》中记载："晷，日景也。"日景即为日影。日晷通常由石制的晷盘和铜制的晷针组成，并在晷盘的表面刻画出

◎日晷仪

十二个大格，每个大格代表两个小时，晷盘上的刻度是等分的，为子、丑、寅、卯、辰、巳、午、未、申、酉、戌、亥十二时辰。使用时，只要观察日影投射在晷盘上的位置，就能推算时间。

物理元素：根据日影的位置，以指定当时的时辰或刻数，是我国古代较为普遍使用的计时仪器。

【成语】

（1）立竿见影

释义：把竹竿立在太阳光下，立刻就看到影子。

物理元素：利用光沿直线传播原理测量日影长度，进而推算时辰。

【俗语】

（1）"一炷香"的时间

释义：古时"一炷香"的时间也就是一刻钟左右。

物理元素：时间的计量，一刻钟大约等于十五分钟。

6. 速　度

【成语】

（1）雷厉风行

释义：像打雷那样猛烈，像刮风那样迅速。比喻执行政策法令严厉迅速，也形容办事声势猛烈，行动迅速。

物理元素： 描述事物发展的速度。

（2）急如星火

释义： 星火：流星。像流星的光从空中急闪而过。

物理元素： 形容非常急促紧迫，速度很快。

（3）风驰电掣

释义： 驰，奔跑；掣，闪过。形容非常迅速，像风吹闪电一样快。

物理元素： 描述物体运动速度很快。

（4）急风暴雨

释义： 形容急剧而猛烈的风雨，多用来比喻声势浩大的革命运动或激烈的斗争。

物理元素： 描述物体运动速度很快。

（5）暴风骤雨

释义： 暴、骤：急速，突然。又猛又急的大风雨。比喻声势浩大，发展急速而猛烈。

物理元素： 描述事物发展的速度很快。

（6）脱缰之马

释义： 比喻脱离羁绊的人或失去了控制的事物。

物理元素： 描述物体运动脱离原来的轨道。

（7）一泻千里

释义： 形容江河奔流直下，现比喻文笔奔放畅达，也泛指直线下降，势头很猛。

物理元素： 描述物体运动速度很快。

(8) 一落千丈

释义：原形容琴声由高而低突然变化；现比作下降得很厉害，用来形容声誉、地位或经济状况急剧下降。

物理元素：描述物体运动速度很快。

(9) 不进则退

释义：不前进就要后退。

物理元素：描述物体需要保持较快的运动速度才能不后退。

(10) 时过境迁

释义：随着时间的推移，情况发生变化。

物理元素：描述事物发展的变动。

【俗语】

(1) 迅雷不及掩耳

释义：突然响起的雷声，使人来不及捂耳朵。

物理元素：雷声在离我们很近的时候，借助空气传播，它的速度接近 340 米/秒，这比我们用手捂住耳朵的速度还要快。

【诗词】

(1) "朝辞白帝彩云间，千里江陵一日还；两岸猿声啼不住，轻舟已过万重。"——[唐朝] 李白《早发白帝城》

释义：清晨，我告别高入云霄的白帝城；江陵远在千里之外，船行只需一日时间即可到达。两岸猿声，还在耳边不停地啼叫；不知不觉，轻舟已穿过万重青山。

物理元素： 可以估算出该船的平均速度：v=s/t=500 千米/12 小时=41.7 千米/小时。

7. 位移=速度×时间

【古代成就】

(1)《管子·乘马篇》中写道："有一宿之行，道之远近有数矣。"

解析： 知道一夜的行程，即可求出数夜的总行程。

物理元素： s=vt 。

8. 自由落体

【古代成就】

(1)《墨经·经下》中有记载："凡重，上浮挈，下浮收，旁浮劫，则下直。拕，或害之也。"

解析： "劫"，是掠夺，干扰；"拕"，同拖，曳引。意思是一个重物，上面不系着它，下面不托着它，侧面不干扰它，会竖直下落。如果拖曳它，则会破坏这种运动状态。

物理元素： 自由落体的基本条件之一，物体只受到重力的作用。

质量与密度

9. 质　量

【古代成就】

（1）沈括《梦溪笔谈》卷三有记载："凡石者以九十二斤半为法，乃汉秤三百四十一斤也。"

解析：宋朝 1 石合 92.5 宋斤，1 宋斤是 640 克，因此一石大米就有 59200 克，即 59.2 公斤，且为十进位制。即：一斗为十升，每升约重 1.5 公斤；一升为十合，每合重 150 克；一合为十勺，每勺重 15 克；一勺为十抄，每抄重 1.5 克；一抄为十作，每作重 0.15 克；一作为十厘，仅重 0.015 克（约一粒米）。

物理元素：质量的单位及其换算。

【成语】

（1）半斤八两

释义：旧时一种质量的单位，一斤等于十六两，故半斤与八两是相等的，表示彼此不分上下。

物理元素：质量的单位。

10. 天　平

【古代成就】

（1）《墨经·经下》："衡而不正，说在得。"《墨经·经说下》："衡，加重于其一旁，必捶。权、重，相若也相衡，则本短标长。两加焉，重相若，则标必下。标得权也。"

解析："衡"指广义的秤。"权"指提秤（两臂不等长的天平）。《墨经·经下》：天平能够失去其平衡，道理在于获得。《墨经·经说下》：如果在天平的一边加重物，那么这一边就下降。提秤，使一定量的物体和秤锤平衡，那么支点与悬挂物体的点之间的距离小于支点与悬挂秤锤的点之间的距离。后者就是较长的一边。如果这时在两边加上同样重的物体，则秤锤必定下降。

物理元素：天平平衡。

◎木杠杆

(2) 在《孟子·梁惠王上》有记录："权然后知轻重，度然后知长短。物皆然，心为甚。"

解析：用秤称一称，才能知道轻重；用尺量一量，才能知道长短。什么东西都是这样，人的心更需要这样。早期中国民间日常所用的称重衡器——木杠杆。相传木杠杆早在秦朝统一度量衡之时就开始在民间使用，到南北朝时已经广泛应用。使用木杠杆时，根据被称物的轻重移动秤砣，使秤砣与物体在杠杆上保持平衡，即可测出物体的质量。具体而言，以提扭为支点，根据杠杆平衡原理，在两力矩相等的情况下，平衡时秤砣绳对应的杆秤上的星点读数，即被称物的质量。

物理元素：秤的作用是可以准确测量。

11. 密　度

【俗语】

(1) 冰冻三尺，非一日之寒

释义：冰冻了三尺，并不是一天的寒冷所能达到的效果。

物理元素：水的温度在 0℃ 到 4℃ 之间是热缩冷胀，4℃ 时水的密度最大。当整个水温都降到 4℃ 时，水的对流停止。气温继续下降时，上层水温降到 4℃ 以下，密度减小不再下沉，底层水温仍保持 4℃，上层水温降到 0℃ 并继续放热时，水面开始结冰。由于水和冰是热的不良导体，光滑明亮的冰面又能防止辐射，因此，热传递的三种方式都不易进行，冰下的水放热极为缓慢，结成厚厚的冰，当然需要很长时间的天寒。

力

12. 力的三要素

【俗语】

（1）疾风知草劲

释义：在猛烈的大风中，可看出什么样的草是强劲的。比喻意志坚定，经得起考验。

物理元素：描述力的大小。

【诗词】

（1）"力拔山兮气盖世，时不利兮骓不逝。骓不逝兮可奈何，虞兮虞兮奈若何！"——[秦朝]项羽《垓下歌》

释义：力量可以拔起大山，豪气世上无人能比。但时局对我不利啊，乌骓马跑不起来了。乌骓马不前进啊，我该怎么办？虞姬啊！虞姬啊！我又该把你怎么办？

物理元素：诗中的"力"表明了力的大小。

13. 力的作用效果

【古代成就】

(1)《墨经·经上》有云："力，刑之所以奋也。"

解析："刑"通"形"，形体的意思。"奋"，变化着的运动，比如小鸟翅膀的振动、快马跃起、箭的离弦等。

物理元素：力是物体运动状态发生变化的根源。这与现代物理中有关力的理解是一致的。

【成语】

(1) 水滴石穿

释义："水滴石穿"最早出自"泰山之霤穿石，单极之绠断干。水非石之钻，索非木之锯，渐靡使之然也"（东汉·班固《汉书·枚乘传》）。

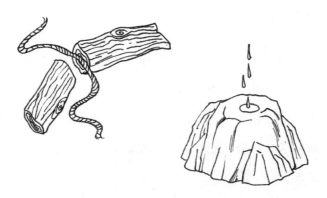

◎绳锯木断，水滴石穿

后又有演变，故事如下。张乖崖为崇阳令，一吏自库中出，视其鬓旁巾下有一钱，诘之，乃库中钱也。乖崖命杖之，吏勃然曰："一钱何足道，乃杖我耶？尔能杖我，不能斩我也！"乖崖援笔判云："一日一钱，千日千钱，绳锯木断，水滴石穿！"自仗剑下阶斩其首，申台府自劾，崇阳人至今传之。（宋·罗大经《鹤林玉露》）这个过程涉及物理和化学的相关知识。

物理元素：水滴不停地由高处滴下来，它的重力势能转化为动能，对石头会产生冲力，力的作用效果能改变物体的形状，则每次冲力均会使石头产生极微小的损伤，时间长了，便可穿石了。

（2）铁杵成针

释义：出自明·郑之珍《目连救母·四·刘氏斋尼》。原文如下："磨针溪，在象耳山下。世传李太白读书山中，未成，弃去。过小溪，逢老媪方磨铁杵，问之，曰：'欲作针。'太白感其意，还卒业。媪自言姓武。今溪旁有武氏岩。"译文：磨针溪在象耳山脚下。相传李白在山中读书的时候，没有完成好自己的学业，就放弃学习离开了。他路过一条小溪，遇见一位老妇人在磨铁棒，于是问她在干什么，老妇人说："我想把它磨成针。"李白被她的精神感动，就主动回去完成学业。那老

◎铁杵成针

妇人自称姓武。现在那溪边还有一块武氏岩。

　　物理元素： 铁杵由于受到摩擦力的作用，而产生形变，微小形变积累最终会磨成针。

【俗语】

（1）船载千斤，掌舵一人。

　　释义： 船上装着很多的货物，但掌舵只靠一人。比喻把握方向的领导人非常关键。

　　物理元素： 力可以改变物体的运动状态和运动方向。

【诗词】

（1）"天苍苍，野茫茫，风吹草低见牛羊。"——[南北朝] 佚名《敕勒歌》

　　释义： 蔚蓝的天空一望无际，碧绿的原野茫茫无尽。那风吹过来，草便低伏，一群群的牛羊时隐时现。

　　物理元素： 力可以改变物体的形象。

（2）"秋风入窗里，罗帐起飘扬。"——[南北朝] 鲍令晖《近代吴歌·秋歌》

　　释义： 秋天的大风从窗户吹进房间，罗纱帐被风吹得飘了起来。

　　物理元素： 力可以改变物体的形状。

14. 力的相互作用

【古代成就】

(1)《墨经·经下》有言："合与一,或复否,说在拒。"

解析:多个力合在一起,就成为一个力。施力位置会反过来产生一个大小相等、方向相反、作用在一直线上的否定力。

物理元素:这阐述了现代物理中作用力与反作用力之间的关系。

【成语】

(1) 以卵击石

释义:拿蛋去碰石头。比喻不估计自己的力量,自取灭亡。

◎以卵击石

物理元素:力的作用是相互的,鸡蛋给石头力的同时,石头也对鸡蛋发生了等量力的作用,由于鸡蛋不够坚硬所以碎了。

(2) 孤掌难鸣

释义:比喻力量孤单、难以成事。出自韩非子《韩非子·功名》中有"人主之患在莫之应,故曰:一手独拍,虽疾无声。"意思是:君主的担忧是没有人响应,所以说,一只手单独拍出去,虽然很快,但是发不出声音来。

物理元素:物体间力的作用是相互的。力是物体对物体的作用,力的产生需要施力物体和受力物体同时存在，一个物体不能产生力的作用。

（3）水滴石穿

释义：指水滴不断地滴，可以滴穿石头；比喻坚持不懈，集细微的力量也能成就难能的功劳。

物理元素：说明力的作用效果可以使物体形状发生改变。

（4）螳臂当车

释义：螳螂用臂膀阻挡车的前进。比喻自不量力，招致失败。同"螳臂挡车"。

物理元素：力的作用是相互的，螳螂用臂膀挡车给车力的同时，车也会对螳螂的臂膀发生力的作用，从而使螳螂被碾压。

◎螳臂当车

【俗语】

（1）一个巴掌拍不响

释义：一个巴掌拍不出响声。

物理元素：力是物体对物体的作用，巴掌拍在其他物体上才能产生力的作用，才能拍响，即一个物体不能产生力的作用。

（2）鸡蛋碰石头——自不量力

释义：用鸡蛋与石头碰撞，鸡蛋反而会被击碎。

物理元素：力的作用是相互的，鸡蛋给石头力的同时石头也对鸡蛋发生了力的作用，由于鸡蛋不够坚硬所以碎了。

与以卵击石是一样的说法。

15. 稳　度

【成语】

（1）三足鼎立

释义：比喻三方面对立的局势。出自西汉·司马迁《史记·淮阴侯列传》"三分天下，鼎足而居，其势莫敢先动。"天下三方势力，鼎足而立，形势让谁也不敢先动。

物理元素：实验证明，用三根木头支撑重物是最稳定的。三根木头通力合作，可以平均分配承受的压力，木头不容易折断。三根木头不仅支持力大，而且很容易达到力矩平衡，有很高的稳定性。

（2）独木难支

释义：一根木头很难站住脚。

物理元素：解释其中的原因，还要从稳度的概念谈起。稳度，就是指物体的稳定程度。当重力作用线超出物体支持面的时候，这个物体就会被翻倒，处于不稳定平衡的物体重心越低，底面积越大，就越难使重力作用线超出支持面，那么稳度就越大。不倒翁就是根据这个原理制成的。而一根木头底面积小，重心又相对较高，外界条件很容易使其重力作用线偏离，稳定程度就非常差了。

16. 重　力

【古代成就】

(1)《墨经·经说上》指出："力，重之谓。下、与，重奋也。"

解析：物体的重量是力的一种表现。物体下落、上举，都是重力起作用的运动。

物理元素：墨家把力和物体运动的原因联系起来了。

【成语】

(1) 叶落归根

释义：树叶从树根生发出来，凋落后最终还是回到树根。比喻事物总有一定的归宿。多指作客他乡的人最终要回到本乡。

物理元素：落叶受重力作用竖直下落。

【俗语】

(1) 人往高处走，水往低处流

释义：人往更高的地方前行，水往低处流动。

物理元素：水往低处流动是自然界中的一条客观规律，原因是水受重力影响由高处流向低处。

(2) 苹果离树，不会落在远处

释义：成熟的苹果从树上脱落，一定不会落得很远。

物理元素：因为重力方向是竖直向下的，所以苹果离树，不会落在远处。

【诗词】

（1）"无边落木萧萧下，不尽长江滚滚来。"——[唐朝] 杜甫《登高》

释义：无边无际的树木萧萧地飘下落叶，望不到头的长江水滚滚奔腾而来。

物理元素：表明重力的方向是竖直向下的。

（2）"黄四娘家花满蹊，千朵万朵压枝低。"——[唐朝]杜甫《江畔独步寻花七绝句》

释义：黄四娘家周围的小路旁开满了鲜花，千朵万朵鲜花把枝条都压得低垂了。表明重力的方向是竖直向下的。

物理元素：该诗表明重力的方向是竖直向下的。

（3）"问君能有几多愁，恰似一江春水向东流。"——[五代十国] 李煜《虞美人》

释义：要问我心中有多少哀愁，就像这不尽的滔滔春水滚滚向东流。在我国，东方比西方地势低，江水在重力作用下向低处流动。

物理元素：在我国，东方比西方地势低，江水在重力作用下向低处流动。

17. 重　心

【古代成就】

（1）《荀子·宥坐篇》中孔子说道："吾闻宥坐之器，虚则欹，中则正，满则覆，明君以为至诚，故常置之于坐侧。"顾谓弟子曰："试注水焉。

◎宥坐之器

乃注之水，中则正，满则覆。"

解析：孔子说："我曾听说过这样的器皿，如果是空的，就倾斜到一边；如果半满，就直立站着；如果全满，就完全倒下。"孔子让弟子们向一只这样的容器里倒水，容器的行为恰如孔子所说的那样。

物理元素：中国古人利用重心制作了一种特别奇巧的容器"宥坐之器"也叫"欹器"。

18. 弹力、胡克定律

【古代成就】

(1)《天工开物·佳兵》中记载："凡试弓力，以足踏弦就地，秤钩搭挂弓腰，弦满之时，推移秤锤所压，则知多少。"

解析：想要知道一把弓箭的弹力有多大，可以用脚将弓弦踩在地上，在弓身上挂上称，用秤砣可以称量出来。

物理元素：这里介绍的"弓力"就是弹力，并且介绍了如何测量弹力。在长期的弓箭制造和使用的过程中，古人对弹力和弹力的大小的测量有一定的认识。

(2)春秋时期的《考工记》记载：“假令弓力胜三石，引之中三尺，每加物一石，则张一尺。”

释义：如果弓箭的弹力是三石时弓被拉开了三尺，则每增加一石的力就要再拉开一尺。

◎试弓定力

物理元素：明显地揭示了弹力和形变成比例的关系，这个发现比胡克定律早 1500 年。

19. 摩擦力

【古代成就】

(1)宋朝罗大经在《鹤林玉露》中写道：“一日一钱，千日千钱，绳锯木断，水滴石穿。”

解析：用绳当锯子，也能把木头锯断。比喻力量虽小，只要坚持下去，事情就能成功。

物理元素：绳锯木断是一个物理变化，在这个过程中，绳子和木头之间有摩擦力，在摩擦力的作用下，木头会产生形变，时间长了，绳子当锯子也能使木头断裂。

【成语】

(1) 绳锯木断

释义：宋朝崇阳县令张乖崖为官清廉，铁面无私。一次见县衙管理铁库的库吏从钱库里偷了一文钱，张乖崖认为数量虽小但性质严重，必须严惩。该官吏不服，张乖崖判他死刑并在判决书上写道："一日一钱，千日千钱，绳锯木断，水滴石穿。"意思是说，一天偷盗一枚铜钱，一千天就偷了一千枚铜钱。用绳子不停地锯木头，木头就会被锯断；水滴不停地滴，能把石头滴穿。

物理元素：描述摩擦力的作用效果。

【俗语】

(1) 泥鳅、黄鳝交朋友——滑头对滑头

释义：泥鳅很光滑，黄鳝也很滑，一般是不会轻易让人抓住的，这是形容一对滑头相处成不了好朋友。

物理元素：俗语中泥鳅、黄鳝的表面都光滑且润滑，因此摩擦力小，不易黏合。

【诗词】

(1) "停杯投箸不能食,拔剑四顾心茫然。"——[唐朝]李白《行路难》

释义：胸中郁闷啊，我停杯投箸吃不下；拔剑环顾四周，我心里委实茫然。

物理元素：运用了静摩擦力的原理，形容受到阻碍，无法发力。

20. 内　力

【古代成就】

(1)《荀子·王道》中有: "虽有国士之力, 不能自举其身, 非无力也, 势不可也。"

解析: 一个人虽然有身负千斤的力气, 也不能举起自己的身体, 不是力气不够, 而是势不可为, 这里的势就是我们现今所学习的内力。

物理元素: 中国古人认识到人不能将自己举起来, 是内力的原因。

(2)《韩非子·观行》中记载: "有乌获之劲, 而不得人助, 不能自举。"

解析: 像乌获一样有举起千钧鼎的力气, 但是没有人相助, 自己也不能把自己举离地面。

物理元素: 表明一个系统的内力对该系统没有作用效果。

(3)《论衡·效力篇》中有 "力重不能自称, 需人及举。而莫之助, 抱其盛高之力, 窜于闾巷之深, 何时得达? 畚、育, 古之多力者, 身能负荷千钧, 手能决角伸钩, 使之自举, 不能离地。"

解析: 能力大不能自我举荐, 需要有人来推举, 没有人的帮助, 只好胸怀那高超的能力, 流落到偏僻的地方, 什么时候才能飞黄腾达呢? 畚和夏育都是古代的大力士, 身体能担负千钧重量, 手能扭断牛角, 拉直铜钩, 要是让他自己举自己, 身体却不能离开地面。

物理元素: 从物理的角度理解, 力气再大的人也不能将自己举起来, 需要他人用力自己才能被举起。表明一个系统的内力对该系统没有作用效果。

21. 合力、力的合成

【古代成就】

(1)《淮南子·主术训》中提道："积力之所举，则无不胜也；众智之所为，则无不成也。"

解析：意思是积聚集体力量，就能无往不胜；集思广益做事，就能无所不成。

物理元素：中国古人认识到多个力可以共同作用，并把它称为"积力"，也就是我们所认识的合力。

(2)《墨经·经下》写道："合与一，或复否，说在拒。"

解析：意思是由几个力合成的一个力能对抗一个力。有时有反作用，有时则无。道理在于"平行"。

物理元素：从中我们可以看出墨家曾经试图研究过矢量力的分解法、力的平行四边形法等。

【成语】

(1) 众志成城

释义：万众一心，像坚固的城墙一样不可摧毁。比喻团结一致，力量无比强大。

物理元素：多个力累积在一起形成合力。

（2）水到渠成

释义：渠：水道。水流到的地方自然形成一条水道。比喻条件成熟，事情自然会成功。

物理元素：多个力可以合成叠加，产生相应的效果。

（3）众人划桨

释义：众人拾柴火焰高，众人划桨开大船，众人添砖起高楼。说到底，讲的都是团结产生力量的道理。

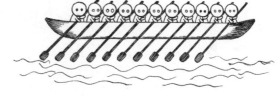

◎众人划桨开大船

物理元素：力的合成叠加。

（4）同心协力

释义：心：思想；协：合。团结一致，共同努力。

物理元素：多个力的合成，可以产生比单个力大得多的效果。

（5）怒发冲冠

释义：愤怒得头发直竖，顶着帽子。每一根头发都产生了向上的力。

物理元素：这些方向相同的力产生的合力支撑起了帽子。

【俗语】

（1）人心齐，泰山移

释义：大家一起做事，甚至可以移走泰山。

物理元素：作用在质点上的几个力共同作用时产生效果，这个效果非常强大，就是力的合成。

（2）心往一处想，力往一处使

释义：形成合力、产生效力。

物理元素：合力的作用效果。

运动和力

22. 力与运动的关系

【古代成就】

(1)《墨经·经下》指出："凡重，上弗挈，下弗收，旁弗劫，则下直。"

解析：凡是重物，若不往上提，下面也无支撑，且不往旁边推，那么物体一定向下直落。

物理元素：墨家把力和物体运动的原因联系起来了。

23. 牛顿第一定律

【古代成就】

(1)《墨经·经上》中有："止，以久也。无久之不止，当牛非马，若矢过楗。有久之不止，当马非马，若人过梁。"

解析： 停止，是因为有延长其运动所需时间（即阻碍运动）的外力作用。在没有外力作用下，运动的物体不停止，这就犹如牛不是马那样清楚的道理，就像飞箭掠过楹那样，短时间内飞掠而过。若有外力作用下运动的物体不停止，则表面看来亦是不停止，就像明明是马却说不是马那样不正确，比如人走过桥梁的情形，需要长时间一步一步用力才不停前行。

物理元素： 在《墨经·经上》中提到运动的停止是由于"支柱"而引起的。这里的"支柱"指的是反向力的意思，这类似于后来伽利略发现了摩擦力是阻止物体保持原有运动的原因。中国古人通过观察生活中实际物体的运动与它所处环境的特点，对力和运动的关系有所理解。这其中蕴含了牛顿第一运动定律的思想，即物体在不受外力的作用下，保持匀速直线运动或静止状态。

24. 惯　性

【古代成就】

(1)《考工记》中有记载："劝登马力，马力既竭，辀犹能一取焉。"

解析： "辀"，是车。意思是行驶过程中的马车，当马停止牵引时，车仍会向前移动一段距离。

物理元素： 这种现象就是我们认识的惯性。中国古人通过观察物体的运动对惯性有所了解。

【诗词】

(1) "船到江心抛锚迟,悬崖勒马早已晚。"——[元朝]关汉卿《救风尘》

释义:船要停在江心必须提前抛锚,等到江心处再抛锚就已经迟了;到了悬崖处再勒马,马还要向前继续运动,那就为时已晚,极可能坠入悬崖。

物理元素:说明了一切物体都有惯性,即保持原有运动状态不变的性质。所以说行驶的船到江心才抛锚很难立刻停下,奔跑的马到悬崖边再勒住也很难停下来。

25. 作用力和反作用力

(1) "水激则旱兮,矢激则远;万物回薄兮,振荡相转。"——[汉朝]贾谊《鵬鸟赋》

释义:如果水流急剧,则会变成猛烈的激流。如果箭被射向前,则将远飞。但一切事物都有反击的力,彼此相互震荡。这就是大自然之"道"。

物理元素:作用力和反作用力。

26. 单位制

【古代成就】

(1) 先秦时商鞅规定:"举足为跬,倍跬为步。"

解析:人类对长度的测量,大约是从天然洞穴里搬迁出来时,靠自己

◎举足为跬，倍跬为步

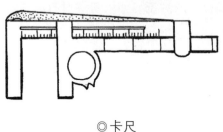

◎卡尺

的双手建造房屋时开始的。新石器时期的七孔刀，孔距均匀，孔眼相当，是经过比较测量的。商鞅变法对田亩制作了新的规定，定出丈量土地的办法和标准。此句的意思是，举足一次为跬，举足两次为步。

物理元素：长度是相对固定的，可以计量。

（2）例子（卡尺）

解析：在秦始皇统一全国之后颁发统一度量衡的法令；全国范围统一使用战国（秦）时度量衡制度、法规；制造和颁发度量衡的标准器；实行严格的检定制度。经测量研究得知当时秦国1尺约合2（3）1厘米。汉朝度量衡制度是在秦制的基础上发展起来的。人们早期的测量常常用人体测定一个量，如"布手知尺""迈步定田""手捧成升"等。除一般的直尺外，汉朝已有了专用的测长工具：秦始皇统一度量衡对秦以后的两汉、魏、晋影响深远。至隋文帝，又把经过南北朝而混乱的度量衡再一次统一起来，并且被隋以后强大的封建王朝唐、宋所沿袭，直至明、清都没有大的变化。清政府被推翻，度量衡的改革也进入一个新时期。从国际形势上看，自1791年法国政府颁布米制的标准后，世界上采用米制为长度的国际单位制。古代长度单位的古今换算：1里=15引=150丈，1引=10丈，1丈=2步=10尺，1步=5尺（历朝不一，周朝以八尺为一步，秦朝以六尺为一步），1尺=10寸，1寸=10分，1分=10厘，1厘=10毫，1毫=10丝，1丝=10忽，换成现今单位：2里=1公里，3丈=10米，3尺=1米，3寸=10厘米。

物理元素：古代和现代的长度单位及其单位换算。

（3）"钟"和"更"

解析：古人的时间，白天与黑夜各不相同，白天说"钟"，黑夜说"更"或"鼓"。又有"晨钟暮鼓"之说，古时城镇多设钟鼓楼，晨起（辰时，今之七点）撞钟报时，所以白天说"几点钟"；暮起（酉时，今之十九点）击鼓报时，故夜晚又说是几鼓天。夜晚说时间又有用"更"的，这是由于巡夜人，边巡行边打击梆子，以点数报时。全夜分五个更，第三更是子时，所以又有"三更半夜"之说。戌时作为一更，亥时作为二更，子时作为三更，丑时为四更，寅时为五更。每天十二个时辰：23—01子时，01—03丑时，03—05寅时，05—07卯时，07—09辰时，09—11巳时，11—13午时，13—5未时，15—17申时，17—19酉时，19—21戌时，21—23亥时。时以下的计量单位为"刻"，一个时辰分作八刻，每刻等于现时的十五分钟。

物理元素：古代和现代的时间单位及其单位换算。

（4）汉朝的《汉书·律历志》中记载："三十斤为钧，四钧为石。"

解析：古代常用容量单位由小到大有升、斗、斛（石）、钟，通常学者们认为斛和石相通，自秦汉开始它们之间都是十进制；汉朝 1 石=2 市斗，1 市斗=13.5 斤，1 石=27 市斤粟。汉朝 1 石为 20000 毫升，1 斗为 2000 毫升，即秦汉时期 1 斗禾重 2.7 斤，这也是以实物测量所得数据。中国古代计量方法极为精确，宋朝 1 市斤是 640 克。宋朝 1 石合 92.5 宋斤；一石大米就有 59200 克，即 59.2 公斤。且为十进位制。即：一斗为十升，每升约重 1.5 公斤；一升为十合，每合重 150 克；一合为十勺，每勺重 15 克；一勺为十抄，每抄重 1.5 克；一抄为十作，每作重 0.15 克；一作为十厘，仅重 0.015 克（约一粒米）。

物理元素：古代和现代的质量单位及其单位换算。

【成语】

（1）半斤八两

释义：中国旧时的一斤等于十六两，故半斤与八两彼此不分上下。

物理元素：中国古代的质量单位。

万有引力与航行

27. 地球的公转

【古代成就】

（1）《尚书纬·考灵曜》曰："地有四游，冬至地上北而西三万里，夏至地上南而东三万里，春秋二分其中矣。"

解析：古人认为，我们脚下的地是在运动的，只是我们不知道，地恒动而人不知，比如我们坐在船上，船在走，而船上的人感觉不到自己在前进，大地的运动根据春夏秋冬各有不同。

物理元素：通过季节变化分析出地球公转运动，即地球在宇宙空间中绕太阳运行，产生四季变化。

（2）李斯在《仓颉篇》中说道："地日行一度，风轮扶之。"

释义：地球在宇宙空间中运动，每天行一个角度。

物理元素：中国的古人在久远的时代，曾经阐述了运动相对性原理。

28. 天体间存在引力

【古代成就】

（1）李淳风在《乙巳占》中写道："星之行也，近日而疾，远日而迟，去日极远，势尽而留。"

解析：行星在运动的过程中，接近太阳时运动得快，远离太阳时运动得慢，离太阳的距离达到一定的程度后还能被太阳牵引而作停留。

物理元素：这里边指出了天体间存在引力的一个现象，并且文中"势尽而留"中的"势"表达的就是星球间的引力势能。中国古人对天象的观察总结出天体间存在引力的结论。

压　强

29. 固体压强

【成语】

（1）一针见血

释义：比喻说话直截了当，切中要害。

物理元素：面积越小，压强越大。

（2）如履薄冰

释义：履：践、踩在上面。像走在薄冰上一样。比喻行事极为谨慎，存有戒心。

物理元素：增大面积可以减小压强。

（3）如坐针毡

释义：人坐在有针尖的毡子上就会感觉极不舒服。

物理元素：由压强公式可知，当压力一定时，如果受力面积越小，则压强越大。

(4) 树大招风

释义：树长高了，枝叶茂密，自然容易招致大风的袭击。现用来比喻名气大了，容易遭人嫉恨。

物理元素：在大风吹过的每一点，风对物体表面的压强相差不多，枝叶繁茂的树与风的接触面积当然较大，由压力公式得出，大树所经受的风的压力较大，被毁坏的可能性也大一些。

【俗语】

(1) 磨刀不误砍柴工

释义：磨刀花费时间，但不耽误砍柴，因为刀刃锋利了，砍柴速度就快。比喻事先充分做好准备，就能使工作进度加快。

物理元素：体现的物理原理是减小受压面积增大压强。

(2) 快刀斩乱麻

释义：办事果断，抓住关键，迅速地解决复杂的问题。

物理元素：刀刃越锋利，说明受力面积越小，在压力不变的情况下，快刀易将乱麻斩断。

(3) 麻绳提豆腐——提不起来

释义：豆腐本身强度太低，虽然力量差不多，但是接触面积小了，压强 P 还是很大，麻绳会割断豆腐，所以说麻绳拎豆腐——提不起来。比喻一个人愚钝无能，别人想帮也起不了多大作用，比如说做一件事，别人把路都给铺好了，但他就是不上道，最后还是给搞砸了。

物理元素：揭示在压力一定时，如果受力面积小，则压强就大。

30. 液体压强

【俗语】

(1) 大船漏水—有进无出

释义： 大船一旦出现有漏水的地方就会一直进水。

物理元素： 涉及液体内部压强的知识，液体内部存在压强，船破后，船外的水被压进船内，直到船内外水面相平，此刻船内的水也不会向外流。

31. 连通器

【俗语】

(1) 水平不流，人平不言

释义： 人得其平就不言语，水得其平就不流动，意犹"物不得其平则鸣"。

物理元素： 蕴含着连通器的原理。

32. 流体压强与流速的关系

【诗词】

(1) "八月秋高风怒号，卷我屋上三重茅。"——[唐朝]杜甫《茅屋为秋风所破歌》

释义：八月深秋里，狂风怒号，把我屋顶上的好几层茅草都卷走了。

物理元素：体现了伯努利原理，即流体压强与流速的关系。刮风时，屋顶上方空气流速较大，压强较小；屋内空气流速较小，压强较大，产生压强差，一旦风速达到一定程度，导致压强差很大，会使茅草离开屋顶，四处飘落。

（2）"莫道不消魂，帘卷西风，人比黄花瘦。"——[宋朝]李清照《醉花阴》

释义：莫要说清秋不让人伤神，西风卷起珠帘，帘内的人儿比那黄花更加消瘦。

物理元素：体现了伯努利原理，即流体压强与流速的关系。窗外清风拂来，空气流速大于屋内空气流速，由于流速越大压强越小，导致窗外的压强小于屋内的压强，从而产生压强差，在压强差的作用下，帘子被掀起了。

浮　力

33. 浮　力

【古代成就】

(1) 在《墨经·经下》中有："荆之大，其沈浅也。说在具。"

解析："荆"指荆木，"沈"指沉，"浅"指少，"具"指举。意思是，荆木的体积很大，但沉入水中的部分少，原因在于受到了水的托举。

物理元素：水的托举就是现代物理中的浮力。

(2)在《墨经·经下》中有："荆沈，荆之贝也。则沈浅，非荆浅也。若易，五之一。"

解析：荆木沉在水中受到了水的托举作用。没入水中比较浅，不是因为荆木自身尺寸小。其沉入水中的体积是总体积的五分之一。

物理元素：这里比较深入地涉及了浮力的原理。荆木在水中漂浮，处于平衡状态，其所受重力和浮力二力平衡，浮力等于重力。阿基米德原理指出浮力与物体排开液体的体积有关，所以荆木有多少比例沉入水中取决于荆木与水的密度之比。

（3）在《淮南子·齐俗训》中有描述："夫竹之性浮，残之为牒，束而投之水则沈，失其体也。"

解析：竹子本身在水中是浮起来的，然而把完整的竹子破开，削成竹牒，束成一捆，投入水中，则下沉，原因在于"失其体也"。即是说，竹子重量可以做到不变，但做成竹牒以后，其体积比起原来大为减少，投入水中以后所受浮力也大为减少，于是就不能浮起。

物理元素：描述了浮力与物体排开液体的体积之间的关系。

【俗语】

（1）船载千斤，掌舵一人

释义：船装了千斤重，也只需要一个人掌舵就够了。船漂浮在水面上，浮力等于重力。

物理元素：体现了浮力的原理。

（2）开水不响，响水不开

释义：水沸腾之前，由于对流，水内气泡一边上升，一边上下振动，大部分气泡在水内压力下破裂，其破裂声和振动声又与容器产生共鸣，所以声音很大。

物理元素：水沸腾后，上下等温，气泡体积增大，在浮力作用下一直升到水面才破裂开来，因而响声比较小。气泡上升过程中，体积逐渐增大，排开液体的体积也逐渐增大，则浮力逐渐增大。

【诗词】

（1）"只凭风力健，不假羽毛丰。红线凌空去，青云有路通。"——［清朝］郑板桥《怀潍县》

释义：风筝只依靠风的力量就能有矫健的英姿，不用凭借羽毛丰满。牵着的红线向天空飞去，这就是直上青云道路畅通。

物理元素：阐述了风筝能浮在空中的原因，涉及浮力的知识。

（2）"昨夜江边春水生，艨艟巨舰一毛轻。"——［宋朝］朱熹《观书有感二首（其二）》

释义：昨天夜里江边涨起了阵阵春潮，巨大的舰船轻盈得如同一片羽毛。

物理元素：阐明浮力的作用。

34. 物体的浮沉条件及应用

【古代成就】

（1）《考工记·矢人》有描述："水之，以辨其阴阳；夹其阴阳，以设其比；夹其比，以设其羽。"

解析：把削好的箭杆投入水中，根据箭杆各部分在水中浮沉情况，判定出其相应的密度分布，根据这一分布来决定箭的各部分的比例，然后再按这个比例来装设箭尾的羽毛。这种根据箭杆各部分浮沉程度判定其相应质量分布的方法是合乎科学的，也是十分巧妙的。

物理元素：古人在生产实践中应用浮力的例子。

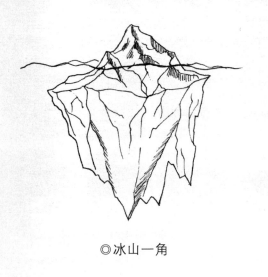

◎冰山一角

【成语】

(1) 冰山一角

释义：原比喻不能长久依赖的靠山，现指所暴露出来的只是事物的一小部分。本义指冰山的一小部分露在水面之上，而大部分却隐藏在水底。比喻事物只是显现了一小部分，还有相当大的部分没有被发掘出来。

物理元素：一般指非常大的事物只显露出很小的一部分。水与冰相比，水的密度大于冰，所以冰山会漂浮在水上，但大部分冰山是在水面之下的，露出的只是冰山的一个尖角。据计算，露出的冰山一角约占整个冰山的九分之一左右。

(2) 石沉大海

释义：石头沉到海底。比喻从此没有消息。

物理元素：因为石头的密度比海水大，所以石块比同体积的海水重，根据阿基米德原理，石块在海水中受到的重力大于浮力，石块只能下沉。

(3) 水涨船高

释义：水位升高，船身也随之浮起。比喻事物随着它所凭借的基础的提高而增长提高。

物理元素：漂浮在水面的船只，满足二力平衡的平衡条件，此时重力等于浮力。水面上涨后，由于重力不变，所以浮力不变，则船排开水的体积不变，所以船随水面升高了。

【俗语】

（1）怀丙河底捞铁牛

释义： 该故事出自《智囊全集》第六部，作者冯梦龙。故事体现了浮力的定义和浮力的应用。原文：宋河中府浮梁，用铁牛八维之，一牛且数万斤。治平中，水暴涨绝梁，牵牛，没于河，募能出之者。真定僧怀丙以二大舟实土，夹牛维之，用大木为权衡状钩牛，徐去其土，舟浮牛出。转运使张焘以闻，赐之紫衣。译文：宋朝河中府有一座浮桥，用八头铁铸的牛来固定着它，一头铁牛将近几万斤。治平年间，河水暴涨冲断了浮桥，牵动铁牛，沉到河里，朝廷招募能够捞出铁牛的人。真定有个名叫怀丙的和尚，用两只大船装满泥土，把铁牛系到船上，用大木头做成秤钩的形状钩住铁牛，慢慢地去掉船上的泥土，船浮出水面的同时铁牛浮上来了。转运使张焘听说了这件事，赐给他一件紫色袈衣。

物理元素： 利用浮力拉动水牛。

（2）曹冲称象

释义： 成语故事是曹冲生五六岁，智意所及，有若成人之智。时孙权曾致巨象，太祖欲知其斤重，访之群下，咸莫能出其理。冲曰："置象大船之上，而刻其水痕所至，称物以载之，则校可知矣。"太祖悦，即施行焉。译文：曹冲年龄五六岁的时候，知识和判断能力如一个成年人。

◎曹冲称象

有一次，孙权送来了一头巨象，曹操想知道这象的重量，询问他的属下这件事，但他们都不能说出称象的办法。曹冲说："把象放到大船上，在水面所达到的地方做上记号，再让船装载其他东西，称一下这些东西，再比较下就能知道了。"曹操听了很高兴，马上照这个办法做了。

物理元素：利用漂浮在水面上的物体的重力等于水对物体的浮力这一物理原理，测出大象的质量。

功和能

35. 功

【成语】

（1）劳而无功

释义：花了力气却没有功效。

物理元素：有力的作用，而没有力方向上的位移，那么做功为零。

36. 能 量

【古代成就】

（1）《孙子兵法·势篇》中记载："激水之疾，至于漂石者，势也。"

解析：湍急之水，飞快奔流，以至能将巨石冲走，这就是内储巨大能量而一发不可遏止的客观态势。

物理元素：这里边的势就是表示能量；"势"是中国古人的一个有一定内涵的概念，这个概念和我们现在认识的能量有异曲同工之妙。

(2)《汉书·韩安国传》："弓矢之势，视远近而有别：矢之于十步，贯兕甲；及其极，不能入鲁缟。"

解析：弓箭的势有远近之分，将弓箭拉到十步远可以射穿盔甲，但是强弓射出的利箭，射到极远的地方，力量已尽时，就连极薄的鲁缟也射不穿了。

物理元素：提到的弓矢之势就是弹性势能，而且指出了形变越大弹性势能越大，势能会随着距离变远而减弱。

【诗词】

(1) "飞流直下三千尺，疑是银河落九天。"——[唐朝]李白《望庐山瀑布》

释义：那瀑布的水从很高的地方笔直地倾泻而下，就好像是银河从九天之上掉落下来一样。

物理元素：诗句描述庐山瀑布的壮观景象。从物理角度看飞流直下的瀑布，其蕴藏着巨大的机械能。

37. 动 能

【诗词】

(1) "八月秋高风怒号，卷我屋上三重茅。"——[唐朝]杜甫《茅屋为

秋风所破歌》

释义：八月深秋，狂风怒号，风卷走了我屋顶上好几层茅草。

物理元素：表明流动的风具有动能。

38. 重力势能

【古代成就】

(1)《淮南子·兵略训》记载："加巨斧于桐薪之上，而无人力之奉，虽顺招摇，挟刑德，而弗能破者，以其无势也。"

解析：用一把巨大的斧头劈柴，如果不将斧子举起来，即便这把斧头再大再锋利，也不可能劈开木头。

物理元素：古人认为斧头缺少一种"势"，这里的"势"相当于我们现在所认识的重力势能。

(2) 汉末刘熙所著《释名·释兵》中有言："弩，怒也，有势怒也。"

解析：弓弩，也叫势怒。

物理元素：涉及势能。

【俗语】

(1) 爬得高，跌得重

释义：爬得越高，跌下来摔得越重。

物理元素：因为被举高的物体都具有重力势能，并且举得越高，重力势能越大，所以爬得高，跌得重。

39. 机械能及其转化

【古代成就】

（1）船舰

解析：东晋重型战舰。

物理元素：将拍竿的重力势能转化成动能。

（2）水碓

解析：水碓是利用水流力量来自动舂米的机具，将水的重力势能转化成动能，进而转动轮轴，再拨动碓杆上下舂米。我国在汉朝发明了水碓，浙东山区在唐朝已有了使用滚筒式水碓的记载。

◎水碓

物理元素：将水的重力势能转化成动能。

【成语】

（1）百步穿杨

释义：百步穿杨的典故是楚国有一个名叫养由基的人，擅长射箭，他距离杨柳一百步放箭射击，每箭都射中柳叶的中心，百发百中，左右看的人都说射得好，可是一个过路的人却说：我擅长射箭，可以教他该怎样射了。养由基听了这话,心里很不舒服,就说:大家都说我射得好,你竟说可以教我射了,你为什么不来替我射那柳叶呢?那个人说:我不能教你怎样伸左臂屈右臂的射箭本领,不过你有没有想过,你射柳叶百发百中,但是却不善于调养气息,等一会疲倦了,弓拉不开,箭是歪斜的,一箭射不中,就会前功尽弃。

物理元素:体现了能量的转换,其中涉及机械能转化成内能。

(2)一泻千里

释义:在《汉语成语词典》中是这样解释"泻",水急速往下流。本指江河水势汹涌,奔腾直下,后比喻文笔流畅,气势奔放。

物理元素:从物理学的角度来分析:动能和势能可以相互转化,当相对高度越高时,水落到低处转化的动能越多,动能越多,则速度越大。所以"江河水势汹涌、奔腾直下"的解释突出了江面汹涌,河水流速大。

(3)平流缓进

释义:本指船在缓流中慢慢前进。后比喻稳步前进。

物理元素:为什么"平流"会造成"缓进"呢?"平流"就是指水流上下游的高度落差小。那么上游的水相对于下游的重力势能就少,根据能量守恒定律,转化为动能也就少,水流速度也就慢,于是就造成了"缓进"。

【诗词】

(1)"无边落木萧萧下,不尽长江滚滚来。"——[唐朝]杜甫《登高》

释义:无穷无尽的树叶纷纷落,长江滚滚涌来奔腾不息。

物理元素:诗中落木和江水都受到重力的作用,且处于相对的高处,因而具有较大的势能。落木"下",长江"来",都是把重力势能转化成动能的过程。

(2) "飞流直下三千尺,疑是银河落九天。"——[唐朝]李白《望庐山瀑布》

释义:瀑布的水从很高的地方笔直地倾泻而下,就好像是银河从九天之上掉落了下来一样。

物理元素:表明水在重力的作用下,飞流直下,将重力势能转化为动能。

(3) "酒酣胸胆尚开张,鬓微霜,又何妨?持节云中,何日遣冯唐?会挽雕弓如满月,西北望,射天狼。"——[宋朝]苏轼《江城子·密州出猎》

释义:喝酒喝到正高兴时,我的胸怀更加开阔,我的胆气更加张扬。即使头发微白,又有什么关系呢?朝廷什么时候才能派人拿着符节来密州赦免我的罪呢?那时我定当拉开弓箭,使之呈现满月的形状,瞄准西北,把代表西夏的天狼星射下来。

物理元素:词中的"会挽雕弓如满月,西北望,射天狼。"涉及挽弓,将弹性势能转化成动能。且弓的形变越大,弹性势能越大,则作用于箭上的动能也越大,所以箭的威力越大、效果越好。

简单机械

40. 杠 杆

【古代成就】

(1) 杠杆

解析:早期中国民间日常所用的称重衡器——木杠杆。相传木杠杆早在秦朝统一度量衡之时就开始在民间使用,到南北朝时已经广泛应用。

物理元素:使用木杠杆时,根据被称物的轻重移动秤砣,使秤砣与物体在杠杆上保持平衡,即可测出物体的质量。具体而言,以提扭为支点,根据杠杆平衡原理,在两力矩相等的情况下,平衡时秤砣绳对应的杆秤上的星点读数,即被称物体的质量。

(2) 桔槔

解析:构造是竖木支撑在一根横长杆的中间,横杆的一端用一根绳索与水桶相连,另一端绑上一块重石头。使用过程是汲水前,人用手拉

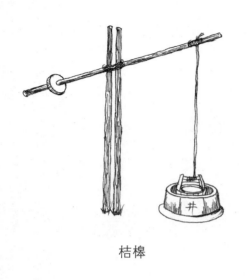

桔槔

动绳索，水桶下落的同时后端的石头被高高抬起。装满水后，人放开绳索，石头下降，即可将水桶提升上来。

物理元素：杠杆力矩平衡原理。

【俗语】

（1）四两拨千斤

释义：以小力胜大力。

物理元素：体现了杠杆的平衡条件，增大动力臂与阻力臂的比，只需用较小的动力就能撬起很重的物体。

（2）小小秤砣压千斤

释义：小小秤砣可以称量千斤的重物。

物理元素：根据杠杆平衡原理，如果动力臂是阻力臂的几分之一，则动力就是阻力的几倍。如果秤砣的力臂很大，那么"四两拨千斤"是完全可能的。

Part 2

第二辑
热 学

物态变化

41. 温　度

【成语】

（1）热气腾腾

释义：热气蒸腾的样子。形容气氛热烈或情绪高涨。

物理元素：形容温度很高。

（2）热胀冷缩

释义：物体在一般状态下，受热以后会膨胀，在受冷的状态下会收缩。

物理元素：热胀冷缩是物体的一种与温度有关的基本性质。

（3）热火朝天

释义：形容群众性的活动情绪热烈，气氛高涨，就像炽热的火焰照天燃烧一样。

物理元素：描述热度很高。

(4）炉火纯青

释义：纯：纯粹。道士炼丹，认为炼到炉里发出纯青色的火焰就算成功了。后用来比喻功夫达到了纯熟完美的境界。

物理元素：描述火焰的颜色随着温度改变。

【俗语】

(1）火场之旁，必有风生

释义：火场附近的空气受热膨胀上升，远处的冷空气必将来填充，冷热空气的流动形成风。

物理元素：空气的密度与温度有关。

(2）五月天山雪，无花只有寒

释义：到了五月，天山依旧白雪皑皑，没有鲜花，只有地冻天寒。

物理元素：海拔越高，温度越低。

42. 温度的测量

【古代成就】

(1）《淮南子·说山训》写道："寒不能生寒，热不能生热；不寒不热，能生寒热。"

解析：古代人所谓冷、寒、凉、温、热、烫等，都是些温差概念，而不是指特定的温度。感觉往往因人而异。在某种程度上，已被感觉到属"寒冷"（或"热"）的一类物体，就很难再区分它们中哪一个更冷

（或更热）。

物理元素：这正是古代人由感觉导致的温差观念。体温是古代最恒定的"温度计"。因为正常人的体温基本相同。古代人充分地认识并利用这种"温度计"，人的感觉法往往因人而异。中国古人在长期的实践活动中认识到温度的概念，并总结出了各种测量温度和空气湿度的方法。古人常常以自己的体温为标准，然后用身体去触摸物体来感觉温度的高低，但这样只能判别一定范围内的温差。

（2）《淮南子·兵略训》有："睹瓶中之冰，而知天下之寒。"

解析：看到瓶子中水结成冰，便知道天气已经转冷了。

物理元素：古代最原始的温度计是利用水的结冰和溶化来判断气温的变化。古代人以水的物态变化来判定天气温度。水结冰，天寒；冰化水，天气转暖。

（3）《吕氏春秋·慎大览·察今》中也有记载："见一叶落而知岁之将暮，睹瓶中之冰而知天下之寒。"

解析：观察生活中的一些像落叶、结冰等事物的变化，可以知道季节和气候的变化。

物理元素：结冰是一种凝固放热。

（4）明朝屠龙的《考槃余事》卷三《茶笺》中提到，烧水有三沸："始如鱼目微微有声，为一沸；缘边泉涌连珠，为二沸；奔涛溅沫，为三沸。"

解析：水煮沸了，有像鱼目的小泡，有轻微的响声，称作"一沸"。锅的边缘有泡连珠般地往上冒，称作"二沸"。水波翻腾，称作"三沸"。

物理元素：用现在的知识判断，一沸约 75℃~80℃，二沸约 85℃~90℃，三沸为 100℃。

（5）春秋战国之际的《考工记》写道："凡铸金之状，金与锡，黑浊之气竭，黄白次之；黄白之气竭，青白次之；青白之气竭，青气次之。然后可铸也。"

解析：在冶炼和烧陶过程中，工匠通过观察金属冶炼过程中颜色的变化，来判断被加热金属的温度。在冶铸青铜合金时，火焰的颜色可供判别铜与锡是否熔化，可否开炉铸造。

物理元素：用我们现在的知识可以解释其原因，即不同物质有不同的气化点，然后根据气化物质的光谱颜色可以判断其温度的高低；同一种物质随着加热温度的升高，颜色先后变为暗红色、橙色、黄色、白色。

（6）汉朝《皇帝九鼎神丹经》中提到九种丹药的制法皆须"先以马通糠火（文火），去釜五寸温之，然后猛火（武火）飞之"。

解析：武火文火是对烹饪、煎药时所用的火势的一种称呼。武火指火力大而急；文火指火力小而缓。

物理元素：这里的文火和武火都是一种"火候"，是根据火的大小、颜色判断温度的方法。

（7）《滇海虞衡志》卷二《金石》中写道："凡炼……绿火黄火，各如其矿色也。惟红火为上，乃铜之光。"

解析：初炼之时，火色变为绿色和黄白时，显示出物质本来的颜色。之后火焰变成最上乘的红铜色。

物理元素：从这些文字记载看，火候的概念确实包括了在火焰颜色中反映出来的温度高低。今天人们常说的"火候足"或"火候不到"，多包含温度或环境气氛等多层意思。

（8）汉朝王充在《论衡·寒温篇》写道："近水则寒，近火则温，远之渐微。何则？气之所加，远近有差也。"

解析：靠近水就寒冷，接近火就温暖，离它们越远，冷热的感觉就逐渐减弱。为什么呢？因为水火寒温之气的扩散，与离距它们的远近有差别。

物理元素：中国古人认识到温度高低常常与热传递有关。

(9)《论衡·感虚篇》里写道："夫燃一炬火爨一镬水，终日不能热也。倚一尺冰，置庖厨中，终夜不能寒也。何则？微小之感不能动大巨也。燃薪燃釜，火猛则汤热，火微则汤冷。"

解析：点一个火把烧一大锅水，整天不会热；拿一尺冰放在厨房中，整夜不会冷。为什么呢？因为微弱的能量不能改变巨大的东西。

物理元素：王充以"气"的观念来解释这种现象，同时描述了热传递现象及其与远近距离的关系。

(10)《淮南子·本经训》中有记录："雷震之声，可以钟鼓写也；风雨之变，可以音律知也。"

解析：雷鸣的声音，可以用钟鼓敲击发出类似的声音；刮风下雨时，可以因节奏韵律的改变而知晓。

物理元素：空气湿度的变化会使一些物体的形状发生变化，因此利用形状变化的程度不同来判断空气燥湿的程度。中国古人发现琴弦发音会随着空气燥湿而变化。

(11)《史记·天官书》有记载："冬至短极，县（悬）土炭，炭动……略以知日至，要决暑景。"

解析：至节气前，把土和炭分别挂在天平两侧，通过观测天平两端升降，来判断湿度变化。

物理元素：西汉时期中国古人利用不同物质对于空气中的水分有不同的吸收能力发明了天平式空气验湿装置。

(12)《淮南子·泰族训》则进一步说明了测湿仪工作原理："湿之至
也，莫见其形而炭已重矣；风之至也，莫见其象而木已动矣。"

解析：冬至节气前，把土和
炭分别挂在天平两侧，通过观测
天平两端升降，来判断湿度变化。
如果空气干燥，炭中水分散发快，
会变轻，放炭这端就会上升。

物理元素：湿度计原理。

◎湿度计原理

【俗语】

(1) 炉火纯青，开炉铸造

释义：察看火候的方法，不仅被历代工匠沿用，也被炼
丹家所发展。炼丹家以火焰颜色判断丹砂和矿石中的成分。如"硝石"（硝酸钾）火焰为"紫
青"，氧化铜火焰"似红金"，"硝汞"（汞与硫化合物）为"青焰"等等。

物理元素：火的颜色与火焰温度的关系。

【诗词】

(1) "蟹眼已过鱼眼生，飕飕欲作松风声。"——[宋朝] 苏轼《试院煎茶》

释义：水中出现小泡泡，气泡如螃蟹眼大小，水温约在 70℃~80℃；
接着气泡如鱼眼大小，温度更高，水泡上升到水面破裂后发出声音。

物理元素：描写煮水泡茶的情景，通过水中的气泡大小及其声音都可
供人们判断水是否已沸。古代人以水的递次沸腾现象判断水温。

43. 物态变化与吸放热

【俗语】

(1) 扇子有凉风，宜夏不宜冬

释义：夏天扇扇子时，加快了空气的流动，使人体表面的汗液蒸发加快，感觉到很凉快；冬天就不宜用扇子了。

物理元素：由于蒸发吸热，所以人感到凉快。

(2) 霜前冷，雪后寒

释义：形成霜以前感觉很冷，雪融化时感觉寒冷。

物理元素：原因是霜的形成需要很低的温度，空气中的水蒸气凝华成小冰晶，附着在地面上形成霜，所以有"霜前冷"的感觉。雪融化成水时要需吸收热量，使空气的温度降低，所以我们有"雪后寒"的感觉。

(3) 缸穿裙，大雨淋

释义：缸的外面渗着水，湿淋淋的，预示着大雨就要来临。

物理元素：缸为什么穿裙子呢？因为空气中水蒸气遇冷液化形成小水滴附着缸的外表面上。空气中水蒸气含量大，降雨的可能性大，同时也暗示着降温，即将有大雨到来。

【诗词】

(1) "可怜九月初三夜，露似真珠月似弓。"——[唐朝] 白居易《暮江吟》

释义：九月初三这个夜晚多么可爱啊，岸边草茎树叶上的露珠像稀少的珍珠一样，而升起的一弯新月像一张精巧的弯弓。

物理元素：这里的"露"是一种液化现象。中国古人通过观察水结冰、沸腾，下雨，下雪，露，霜等现象认识到物体的状态随着温度的变化而变化。

(2)"月落乌啼霜满天，江枫渔火对愁眠。"——[唐朝]张继《枫桥夜泊》

释义：月亮已落下，乌鸦啼叫寒气满天，对着江边枫树和渔火，在忧愁中进入梦乡。

物理元素：这里的"霜"是一种凝华现象。

(3)"马毛带雪汗气蒸，五花连钱旋作冰。"——[唐朝]岑参《走马川行奉送封大夫出师西征》

释义：马毛挂着雪花还汗气蒸腾，连钱宝马和五花马的身上转眼结成冰。

物理元素：描述的是雪升华为水蒸气。

(4)"青青园中葵，朝露待日晞。"——[两汉]汉乐府《长歌行》

释义：园中的葵菜都郁郁葱葱，晶莹的朝露阳光下飞升。

物理元素：描述的是蒸发现象。

44. 熔化和凝固

【成语】

(1)趁热打铁

释义：铁要趁烧红的时候打。比喻要抓紧有利的时机和条件去做。

物理元素：描述熔化现象。

【俗语】

（1）真金不怕火炼

释义：真的金子不害怕用火烧，烧的过程中颜色不变。

物理元素：与熔化现象有关，从金的熔点来看，虽不是最高的，但也有1068℃，而一般火焰的温度为800℃左右，由于火焰的温度小于金的熔点，所以金不能熔化。

（2）冰冻三尺，非一日之寒

释义：河水结冰，不是一天的寒冷就能达到的。

物理元素：水的温度在0℃~4℃之间是热缩冷胀，4℃时水的密度最大。当整个水温都降到4℃时，水的对流停止。气温继续下降时，上层水温降到4℃以下，密度减小不再下沉，底层水温仍保持4℃，上层水温降到0℃并继续放热时，水面开始结冰。由于水和冰是热的不良导体，光滑明亮的冰面又能防止辐射，因此，热传递的三种方式都不易进行，冰下的水放热极为缓慢，结成厚厚的冰，当然需要很长时间的天寒。

45. 汽化——沸腾和蒸发

【成语】

（1）蒸蒸日上

释义：蒸蒸，兴盛的样子。形容事业一天天向上发展。

物理元素：与蒸发有关。

【俗语】

（1）开水不响，响水不开

释义：水沸腾之前，由于对流，水内气泡一边上升，一边上下振动，大部分气泡在水内压力下破裂，其破裂声和振动声又与容器产生共鸣，所以声音很大。水沸腾后，上下等温，气泡体积增大，在浮力作用下一直升到水面才破裂开来，因而响声比较小。

物理元素：与沸腾、浮力、压强有关。

（2）扬汤止沸，不如釜底抽薪

释义：扬汤止沸的历史故事：刘廙是三国时期魏国人，追随曹操，被曹操器重。其弟刘伟因袭击曹操被处死。按律，刘廙受弟牵连，也当获罪。但曹操爱惜人才，特别宽恕刘廙，不予判罪。刘廙很感激曹操，于是给曹操写了一封信："我的罪，理应灭绝祖宗和家族，幸而蒙您'扬汤止沸'救了我和全家人的命，这样的大恩，是永远也报答不了的，今后我只有拼死为您效劳才是。""扬汤止沸"指播扬锅里的滚汤（开水），使它稍冷，暂不沸腾，是比喻宽缓急难的意思。后来比喻临时采取紧急措施，但不能从根本上解决问题，形容办法不够彻底。釜底抽薪，语出北齐魏收《为侯景叛移梁朝文》："抽薪止沸，剪草除根。"《淮南子·精神训》说："故以汤止沸，沸乃不止，诚知其本，则去火而已矣。"意思是水烧开了，再扬开水是不能让水温降下来的，根本的办法是把火退掉，水温自然就降下来了。

物理元素：这个故事应用了物理中热学的原理。扬汤止沸是把开水舀起来再倒回去，可以增加水的表面积，从而加快了水的蒸发速度。而蒸发是需要吸热的，由此而降低了温度，可以暂时缓解水的沸腾。但不能解决根本问题。液体沸腾有两个条件：一是达到沸点，二是继续吸热。所以如果把锅底的柴火抽掉，也就停止了给水加热，不能从外界吸收热量，水的沸腾就会马上停止，这就是釜底抽薪。所以"扬汤止沸"是暂时的，而用"釜底抽薪"来止沸是彻底的。

【诗词】

(1) "雾里山疑失，雷鸣雨未休；夕阳开一半，吐出望江楼。"——[清朝] 郑燮《江晴》

释义：山被浓雾笼罩仿佛看不见了，雷声轰鸣雨还没有停止。一边在下雨，一边露出了夕阳；阳光一束从云隙照射望江楼，楼好像从空中吐出一样。

物理元素：因天阴空气潮湿，所以宣纸、松烟墨料都易于湿润，也就便于作画。而在晴天，纸墨转干，画起写意画来寥寥几笔就显得特别轻灵。内容涉及液化、汽化现象。

46. 液 化

【俗语】

(1) 月晕而风，础润而雨

释义：大风来临时，高空中气温迅速下降，水蒸气凝结成小水滴，这些小水滴相当于许多三棱镜，月光通过这些三棱镜发生色散，形成彩色的月晕，故有月晕而风之说。础润即地面反潮，大雨来临之前，空气湿度较大，地面温度较低，靠近地面的水汽遇冷凝聚为小水珠，另外，地面含有的盐分容易吸附潮湿的水汽，故地面反潮预示大雨将至。

物理元素：液化现象。

(2) 缸穿裙，大雨淋；水缸出汗，不用挑担

释义：水珠附在水缸外面。晴天时由于空气中水蒸气含量少，虽然也会在水缸外表面液化，但微量的液化很快又蒸发了，不能形成水珠。而如果空气潮湿，水蒸发就很慢，水缸外表面的液化大于汽化，就有水珠出现了。空气中水蒸气含量大，降雨的可能性大，当然不需要挑水浇地了。

物理元素：水缸中的水由于蒸发，水面以下部分温度比空气温度低，空气中的水蒸气遇到温度较低的外表面就产生了液化现象。

【诗词】

(1) "纵使晴明无雨色，乳晕深处亦沾衣。"——[唐朝]张旭《山中留客》

释义：即使天气晴朗没有阴雨迷蒙，去到山中云雾深处衣服也会沾湿。

物理元素：露的形成是液化现象。

(2) "蒹葭苍苍，白露为霜，所谓伊人，在水一方。"——[先秦]《诗经·蒹葭》

释义：大片的芦苇青青，清晨的露水变成霜。我所怀念的心上人啊，就站在对岸河边上。

物理元素：诗中"白露为霜"描写了物态变化的现象。露和霜的本质都是水蒸气，分别经过液化和凝华形成的。

47. 升华和凝华

【俗语】

(1) 霜前冷, 雪后寒

释义: 形成霜降以前感觉很冷, 雪融化时感觉寒冷。

物理元素: 在深秋的夜晚, 地面附近的空气温度骤然变冷 (温度低于0℃以下), 空气中的水蒸气凝华成小冰晶, 附着在地面上形成霜, 所以有霜前冷的感觉。雪熔化时要需吸收热量, 使空气的温度降低, 所以我们有雪后寒的感觉。

【诗词】

(1) "对潇潇暮雨洒江天, 一番洗清秋。渐霜风凄紧, 关河冷落, 残照当楼。"——[宋朝] 柳永《八声甘州·对潇潇暮雨洒江天》

释义: 诗中通过雨和霜等意象来烘托出寒冷凄清的气氛。

物理元素: 雨是水蒸气液化形成的, 霜是水蒸气凝华形成的。

(2) "月落乌啼霜满天, 江枫渔火对愁眠。"——[唐朝] 张继《枫桥夜泊》

释义: 诗中通过雨和霜等意象来烘托出寒冷凄清的气氛。

物理元素: 雨是水蒸气液化形成的, 霜是水蒸气凝华形成的。

(3) "床前明月光, 疑是地上霜。"——[唐朝] 李白《静夜思》

释义: 明亮的月光洒在地上, 好像地上泛起了一层白霜。

物理元素: 霜是水蒸气凝华形成的凝华现象。

48. 比热容

【成语】

(1) 杯水车薪

释义: 杯水车薪的意思是用一杯水救一车着火的柴草。比喻力量太小,解决不了问题。水的比热虽然大,可小小的杯水质量微不足道,由吸热公式计算,吸收的热量终究是有限的,根本奈何不了大火。就算自身温度达到沸点 100 摄氏度,可与一

◎杯水车薪

整车着火的柴相比,那点热量算得了什么呢?力量小就是无济于事。

物理元素: 有关热值的概念。

【俗语】

(1) 早穿皮袄午穿纱,怀抱火炉吃西瓜

释义: 用来描述温带大陆性气候中的沙漠地带一天之内温差极其悬殊的语句。这种气候在我国的西北地区尤为常见。

物理元素: 砂石比水具有较小的比热容,因而温差大。

（2）水火不相容

释义：水和火不能容和到一起。

物理元素：物质燃烧，必须达到着火点，由于水的比热大，水与火接触可大量吸收热量，致使着火物温度降低；同时汽化后的水蒸气包围在燃烧的物体外面，使得物体不可能和空气接触，而没有了空气，燃烧就不能进行。

分子运动理论

49. 扩散现象

【成语】

(1) 入木三分

释义：相传王羲之在木板上写字，木工刻时，发现字迹透入木板三分深。

物理元素：这其实是扩散渗透的现象，墨汁的分子在永不停息地做无规则运动，墨汁就可以渗透到木板中了。

(2) 烟消云散

释义：烟和云的运动使烟和云会渐渐地消散。

物理元素：分子在永不停息地做无规则运动。

(3) 沁人心脾

释义：芳香凉爽的空气、饮料或花香使人感到舒适。这就是因为空气、花香中的分子在做着扩散运动，这样就可以让人闻到，使人感觉舒适。

物理元素：扩散现象。

（4）芳香四溢

释义：芳香四溢，是说香气四处飘散，这是由于组成花的分子不停地做无规则运动的结果。

物理元素：扩散现象。

（5）香飘万里

释义：香飘万里是指香气扑鼻，香气十分浓郁，就是因为香气中的分子数量多，不停地做着运动，一直在扩散。

物理元素：扩散现象。

（6）潜移默化

释义：人的思想或性格不知不觉受到感染、影响而发生了变化。

物理元素：用扩散现象打比喻。

（7）润物无声

释义：春的毛毛小雨落下时无声无息。

物理元素：描述扩散现象的过程。

（8）水乳交融

释义：水乳交融意思是像水和乳汁那样融合在一起。

物理元素：水和乳的分子是不断地运动着的，因此水和乳在一起之后，就会出现扩散和融合的现象。这些都是对扩散现象的描述。

（9）近朱者赤

释义：与红色物体接触时间长了，自己也会变成红色。

物理元素：可用分子动理论解释。组成物体的分子都在一刻不停地做无规则运动，这样就造成了分子扩散，两种不同物质的分子长久地放在一起，就会互相渗透，是一种扩散现象。

（10）近墨者黑

释义：与黑色物体接触时间长了，自己也会变成黑色。

物理元素：组成物体的分子都在一刻不停地做无规则运动，所以是一种扩散现象。

【俗语】

（1）墙内开花墙外香

释义：墙里种的花，在高墙之内平平无奇，不受重视，但幽香却传到墙外，给人美好的感受，让人无限向往。这就是因为花儿的香气分子，做着无限的分子运动，进而香气不断扩散，在墙外的人虽然不见花，却能闻到花的香气。

物理元素：描述的"香"等都是一种气味进行的扩散现象。

（2）酒香不怕巷子深

释义：如果酒酿得好，就是在很深的巷子里，也会有人闻香知味，慕名前来品尝。陈窖一开香千里，要真正吸引酒客，让他们不会因为巷子深而却步，就需要在酿造上下大功夫。

物理元素：体现了扩散现象，说明了分子在做无规则运动。

【诗词】

（1）"花气袭人知骤暖，雀声穿树喜新晴。"——［唐朝］陆游《村居书喜》

释义：中国古人观察到有些物体可以散发气味，而且这些肉眼看不见的气味可以向远处传播，用我们现在的知识解释就是微观分子的扩散现象。

物理元素：诗词中"花气袭人"是花朵分泌的芳香油分子做无规则运动加快的结果，而温度影响分子运动的激烈程度。

（2）"遥知不是雪，为有暗香来。"——［宋朝］王安石《梅花》

释义：王安石在冬季看到远处一片雪白，知道那不是雪，而是梅花，是因为有幽幽的梅花香气飘来。

物理元素：分子是不断运动的，梅花中含有香味的分子不断运动，向四周扩散，从而使人闻到香味。

（3）"迟日江山丽，春风花草香。"——［唐朝］杜甫《绝句二首》（其一）

释义：江河山川沐浴在春光中多么秀美明丽，阵阵和煦的春风送来花草的香气。

物理元素：我们之所以能够闻到花草的香气，一是因为风带动香气扩散，另一个就是花草本身带有的香气分子是不断地运动、扩散的，我们就可以闻到那么甜美的味道了。

（4）"疏影横斜水清浅，暗香浮动月黄昏。"——［宋朝］林逋《山园小梅》

释义：稀疏的影儿，横斜在清浅的水中，清幽的芬芳浮动在黄昏的月光之下。

物理元素：梅花的香气幽幽袭来，正是因为梅花本身带有的香气分子不断的运动、扩散，分子在永不停息地做无规则运动。

（5）"幽兰生谷香生径，方竹满山绿满溪。"——郭沫若《游武夷山泛

舟九曲》

释义："香生径"，这是扩散现象，是由于花的芳香分子不停地运动进入到人的鼻子中从而引起嗅觉。

物理元素：物质是由分子组成的，组成物质的分子在不停地做无规则运动。

(6) "掬水月在手，弄花香满衣。"——[唐朝] 于良史《春山夜月》

释义：捧起山泉，月影闪烁在手间；拨弄树枝，香气渗透着衣衫。

物理元素：涉及了气体的扩散现象。

(7) "不要人夸好颜色，只留清气满乾坤。"——[元朝] 王冕《墨梅》

释义：不需要别人夸它的颜色多么鲜艳美丽、多么好看，只要天地之间存留它的清香的正气。

物理元素：体现了气体的扩散现象。

50. 分子力

【俗语】

(1) 破镜不能重圆

释义：破了的镜子不能再像当初那样完整。

物理元素：用现在的知识解释是破裂的镜子即便将其对接，也不能粘在一起的原因是

◎破镜不能重圆

缝隙处的距离太大了，超过了 $10r_0$（r_0 是分子平衡位置间距离），所以不能重圆。

（2）软也是水，硬也是水

释义：水既软又硬。

物理元素：因为水具有流动性，所以水是软的。又因为分子之间存在着斥力难压缩，所以水是硬的。

内　能

51. 内　能

【成语】

（1）炙手可热

释义：手摸上去感到热得烫人。比喻权势大，气焰盛，使人不敢接近。

物理元素：热传递过程使手的温度升高，内能增加。

52. 内能的利用

【古代成就】

（1）战国时期《韩非子·五蠹》："有圣人作，钻燧取火，以化腥臊，而民说之，使王天下，号之曰燧人氏。"

解析：这描述了摩擦生火现象，摩擦是机械运动现象，生火中涉及热现象和光现象，摩擦能够生火。

物理元素：说明机械运动现象和热现象有联系，在这个过程中，机械能转化成了内能和光能。

(2)《周礼·秋官司寇》中有"司烜氏，掌以夫燧，取明火于日"的记载。

解析：这描述了聚光生火的现象。

物理元素：光的折射，光的能量。

(3)《关尹子·二柱》："石击石即光。""金之为物，击之得火。"

解析：这些描述了敲击生火现象。

物理元素：涉及了机械能转化为光能和内能的过程。

(4) 宋朝陶谷《清异录·火寸》："夜中有急，苦于作灯之缓。有智者，批杉条染硫黄，置之待用。一与火遇，得焰穗然。既神之，呼'引光奴'。今遂有货者，易名火寸。"

解析：古人发明的火寸、引光奴，都涉及了内能的转移。

物理元素：热传递。

53. 热力学第一定律

【成语】

钻木取火

释义：木头之间摩擦产生火焰。

物理元素：揭示出通过做功改变内能的方法。

◎钻木取火

Part 3

第三辑
声 学

声现象

54. 声音的产生与传播

◎鸣锣开道

【成语】

（1）鸣锣开道

释义：封建时代官吏出门时，前面开路的人敲锣喝令行人让路。常用以比喻为某种事物的出现制造舆论，创造条件，开辟道路。

物理元素：声音的产生与传播。

（2）振振有词

释义：理直气壮的样子，形容自以为理由很充分，说个不停。

物理元素：声音的产生。

（3）掩耳盗铃

释义：偷铃铛怕别人听见而捂住自己的耳朵，以为自己听不见那么别人也听不见。比喻自己欺骗自己，明明掩盖不住的事情偏要想法子掩盖。

物理元素：声音的传播。

（4）雷声隆隆

释义：形容打雷声音很响。

物理元素：形容声音的传播。

（5）交头接耳

释义：交头：头靠着头；接耳：嘴凑近耳朵。形容两个人凑近低声交谈。

物理元素：描述声音的传播。

◎掩耳盗铃

（6）充耳不闻

释义：充，塞住。塞住耳朵不听。形容有意不听别人的意见。

物理元素：形容声音的传播。

（7）掷地有声

释义：金石，钟磬之类的乐器，声音清脆优美。比喻文章文辞优美，语言铿锵有力。

物理元素：描述声音的产生。

(8) 呼啸而来

释义：伴随着一阵尖利而漫长的声音快速地过来。

物理元素：声音的传播。

【俗语】

(1) 一个巴掌拍不响

释义：一个巴掌拍不响。比喻力量孤单，难以成事。

物理元素：描述声音的产生条件。

(2) 听风就是雨

释义：比喻听到一点点不确切的消息就信以为真。

物理元素：声音的产生与转播。

(3) 开水不响，响水不开

释义：在水快要烧开前，容器内总是会发出明显的响声。

物理元素：振动是声音的产生条件。

(4) 风声雨声读书声，声声入耳

释义：校园里，无论是周围环境的声音还是读书的声音都传进耳朵。

物理元素：声音的传播与接收。

【诗词】

(1) "春眠不觉晓，处处闻啼鸟。"——[唐朝] 孟浩然《春晓》

释义：春日里贪睡不知不觉天已破晓，到处是鸟的啼鸣声。

物理元素：声音的传播需要介质。

(2) "千里莺啼绿映红,水村山郭酒旗风。"——[唐朝]杜牧《江南春》

释义：千里江南，到处莺歌燕舞，桃红柳绿，一派春意盎然的景象，在临水的村庄，依山的城郭，到处都有迎风招展的酒旗。

物理元素：声音的产生和传播。

（3）"两岸猿声啼不住，轻舟已过万重山。"——[唐朝]李白《早发白帝城》

释义：两岸猿猴的啼声不断，回荡不绝。猿猴的啼声还回荡在耳边时，轻快的小船已驶过连绵不绝的万重山峦。

物理元素：声音的产生和传播。

（4）"空山不见人，但闻人语响。"——[唐朝]王维《鹿柴》

释义：幽静的山谷里看不见人，只能听到那说话的声音。

物理元素：声音的传播。

（5）"路人借问遥招手，怕得鱼惊不应人。"——[唐朝]胡令能《小儿垂钓》

释义：听到有过路的人问路，小孩赶紧摆手，生怕惊动了鱼儿，不敢回应过路人。

物理元素：水能传声。

（6）"不敢高声语，恐惊天上人。"——[唐朝]李白《夜宿山寺》

释义：站在这里，我不敢大声说话，唯恐惊动天上的神仙。

物理元素：气体、液体、固体都能传播声音。

（7）"姑苏城外寒山寺，夜半钟声到客船。"——[唐朝]张继《枫桥夜泊》

释义：姑苏城外那寂寞清静的寒山古寺，半夜里敲钟的声音传到了客船。

物理元素：在枫桥边客船里的人听到寒山寺的钟声，是因为寒山寺里的大钟受到僧人的撞击，产生振动而发出的，然后通过空气传播。

55. 声音的音调

【成语】

（1）作金石声

释义：金石：钟磬之类的乐器，声音清脆优美。比喻文章文辞优美，语言铿锵有力。

物理元素：描述音调的高低。

（2）尖声尖气

释义：指一个人的声音又高又细。

物理元素：描述音调的高低。

（3）抑扬顿挫

释义：指声音的高低起伏和停顿转折。

物理元素：声调的高和低取决于发声物体的振动频率即每秒钟振动的次数，振动越快，声调就越高，反之越低。世间一切声音，风声、蝉鸣、箫声、各种噪声，以至于人的噪音，它们的高低起伏，全都离不开这个机理。

【俗语】

（1）一人一把号，各吹各的调

释义：这里的"调"指的就是音调。

物理元素：体现了声音的音调不同，音调由声源振动的频率决定。

56. 声音的响度

【成语】

（1）如雷贯耳

释义：意思是响亮得像雷声传进耳朵里，形容人的名声大。

物理元素：描述声音的响度。

（2）鸦雀无声

释义：连乌鸦麻雀的叫声都没有。泛指什么声音都没有.形容非常安静，人们默不作声，被什么场面震撼了，或被什么难住了。

物理元素：描述声音的大小响度。

（3）震耳欲聋

释义：耳朵都快被震聋了，形容声音很大。

物理元素：声音的响度。

（4）低声细语

释义：形容小声说话。

物理元素：声音的响度。

（5）万籁俱寂

释义：形容四周非常寂静，没有一点声音。

物理元素：描述声音的响度。

（6）引吭高歌

释义：因为声音的响度跟发声体的振幅有关。当人拉开嗓子歌唱时，由于加大了声带的振幅，所以，声音的响度也变大了。

物理元素：描述声音的响度。

【俗语】

（1）响鼓不需重锤

释义：一面上乘的鼓，鼓面质量好，不用很大的力气敲打就会很响。

物理元素：体现了声音的响度。

57. 声音的音色

【成语】

（1）风声鹤唳

释义：唳，鹤叫声。形容惊慌失措，或自相惊扰。

物理元素：鹤声的区别是音色。

【俗语】

（1）闻其声知其人

释义：人的内心感受直接影响声音，而另一方面，声音大小、韵律、语速、语气等也是内心活动的外在表现。

物理元素：人声的区别是音色，体现了声音的音色特征。

（2）闻鸡起舞

释义：听到鸡叫就起来舞剑，后比喻有志报国的人及时奋起。这个出自《晋书·祖逖传》：传说东晋时期将领祖逖年轻时就很有抱负，每次和好友刘琨谈论时局，总是慷慨激昂，满怀义愤，为了报效国家，他们在半夜一听到鸡鸣，就披衣起床，拔剑练武，刻苦锻炼。其中涉及了声学方面的物理知识，不同的物体，由于其材料和结构不同，导致他们发出声音的音色不同。

物理元素：音色不同，所以祖逖能听出来是鸡鸣。鸡声的区别是音色。

【诗词】

（1）"姑苏城外寒山寺，夜半钟声到客船。"——[唐朝] 张继《枫桥夜泊》

释义：姑苏城外那寂寞清静的寒山古寺，半夜里敲钟的声音传到了客船。

物理元素：在枫桥听到钟声，而不是鼓声，这是由音色决定的。

（2）"少小离家老大回，乡音无改鬓毛衰。"——[唐朝]贺知章《回乡偶书二首》

释义：我在年少时离开家乡，到了迟暮之年才回来。我的乡音虽未改变，但鬓角的毛发却已经疏落。

物理元素：乡音是指声音的音色。

（3）"映阶碧草自春色，隔叶黄鹂空好音。"——[唐朝] 杜甫《蜀相》

释义：碧草照映台阶呈现自然的春色，树上的黄鹂隔着枝叶徒然地婉转鸣唱。

物理元素：听出黄鹂的声音凭借的是音色。

58. 声的利用

【诗词】

（1）"醉和金甲舞，雷鼓动山川。"——[唐朝] 卢纶《和张仆射塞下曲》

释义： 喝醉酒后还穿着金甲起舞，欢腾的擂鼓声震动了周围的山川。

物理元素： 声音具有能量。

59. 乐音与噪声

【成语】

（1）高山流水

释义： 比喻知音或知己。也用以比喻乐曲的高雅精妙。

物理元素： 指的是乐音。

（2）长歌当哭

释义： 是用长声歌咏或写诗文来代替痛哭，借以抒发心中的悲愤，形容借歌抒情。

物理元素： 指的是乐音。

◎高山流水

（3）有声有色

释义：形容说话或表演精彩生动。

物理元素：指的是乐音。

（4）莺歌燕舞

释义：黄莺在歌唱，小燕子在飞舞。形容春天鸟儿喧闹活跃的景象。现常比喻革命和建设蓬勃兴旺的景象。

物理元素：指的是乐音。

（5）轻歌曼舞

释义：曼，柔和。意思是轻松愉快的音乐，加上柔和的舞蹈。

物理元素：指的是乐音。

（6）引吭高歌

释义：指放开嗓子大声歌唱。

物理元素：乐音。

（7）大吹大擂

释义：意思是许多乐器同时吹打。比喻大肆宣扬。

物理元素：指的是噪声。

【俗语】

（1）乱弹琴

释义：比喻胡扯或胡闹。

物理元素：指的是噪声。

（2）胡打梆子乱敲钟

释义：寓意欢喜若狂；高兴一时是一时；快活一时算一时；得意

忘形。

物理元素：指的是噪声。

60. 回　声

【古代成就】

(1) 天坛圜丘

解析：圜丘坛在天坛南部，是皇帝冬至日祭天的地方，故又称"祭天台""拜天台"。始建于明嘉靖九年（1530 年），按照南京式样建造，用蓝色琉璃砖砌成。清乾隆十四年（1749 年）扩建，栏板、望柱改用汉白玉，坛面铺石用文叶青石。站在圜丘中间的圆心石上轻轻唤一声，就立即从四面八方传来回声，好似众人齐鸣，一呼百应。封建帝王附会说这是皇天上帝在向凡人发出"圣谕"。其实，这种现象是声波被阻的回音。从圆心石发出的声波传到四周的石栏以后，就同时从四周迅速反射回来，声波

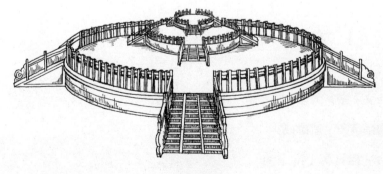

◎天坛圜丘

振动较大；又由于圜丘坛的半径较短，所以回声很快。据测试，从发音到声波返回到圆心的时间，总共只有 0.07 秒，所以站在圆心石上的人说话，听起来声音格外响亮。因此，圜丘坛上的圆心石又称为"亿兆景从石"。

物理元素：回声原理。

【成语】

（1）弦外之音

释义：原指音乐的余音。比喻言外之意，即在话里间接透露，而不是明说出来的意思。

物理元素：回声原理。

（2）余音绕梁

释义：表明声音遇到物体会反射回来，即形成回声。

物理元素：回声原理。

（3）空谷传声

释义：指人在山谷里发出声音，可立即听到回声。能够听到回声需要什么条件呢？人类对声音信号反应时间为 0.1 秒，声波在空气中的传播速度为 340 米/秒，根据这些数据可得出声波至少传播 34 米，即人站在一堵墙的 17 米之外发声才能听到回声。另外，反射声波的物体还需满足不得将其吸收的条件。

物理元素：回声原理。

【俗语】

（1）长啸一声，山鸣谷应

释义：人在崇山峻岭中长啸一声，声音通过多次反射，可以形成洪亮的回音，经久不息，似乎山在狂呼，谷在回应。

物理元素：回声原理。

（2）空谷传响，哀转久绝

释义：出现这一现象的原因是声音传播的过程中遇到障碍物被反射而出现回声，然后很久才消失。

物理元素：回声原理。

Part 4

第四辑
光 学

光现象

61. 光的直线传播

【成语】

(1) 井底之蛙

◎坐井观天

释义：指井底的青蛙认为天只有井口那么大。比喻那些见识短浅的人。

物理元素：光沿直线传播。

(2) 坐井观天

释义：坐在井底看天。比喻眼界小，见识少。

物理元素：光沿直线传播。

(3) 凿壁偷光

释义：原指西汉匡衡凿穿

墙壁引邻舍之烛光读书。后用来形容家贫而刻苦读书的事情。

物理元素：光沿直线传播。

（4）管中窥豹

释义：从竹管的小孔里看豹，只能看到豹身上的一块斑纹。比喻只看到事物的一部分，指所见不全面或略有所得。

◎凿壁偷光

物理元素：光沿直线传播。

（5）高瞻远瞩

释义：瞻，视、望；瞩，注视。站得高，看得远。比喻眼光远大。

物理元素：光沿直线传播。

（6）管见所及

释义：管见，从管子里看东西，指见识浅陋。谦虚的说法，表示自己见识不广，意见未必正确。

物理元素：光沿直线传播。

（7）形影不离

释义：如同形体和它的影子那样分不开。形容彼此关系亲密，经常在一起。

物理元素：光沿直线传播。

（8）形影相吊

释义：吊，慰问。孤身一人，只有和自己的身影相互慰问。形容无依无靠，非常孤单。

物理元素：光沿直线传播。

（9）绿树成荫

释义：形容树木枝叶茂密，遮挡了阳光。

物理元素：光沿直线传播。

（10）日上三竿

释义：太阳升起有三根竹竿那样高。形容太阳升得很高，时间不早了。也形容人起床太晚。

◎一叶障目

物理元素：光沿直线传播。

（11）一叶障目

释义：眼睛被一片树叶挡住，指看不到事物的全貌。

物理元素：光沿直线传播。

（12）不见泰山

释义：比喻被局部现象所迷惑，看不到全局或整体，也比喻人目光短浅。

物理元素：光沿直线传播。

（13）一手遮天

释义：一只手把天遮住；形容依仗权势，玩弄手段，蒙蔽群众。

物理元素：光沿直线传播。

（14）立竿见影

释义：意思是阳光下竖起竹竿，立刻就可看到影子，比喻见效很快。

物理元素：光沿直线传播。

【俗语】

（1）大树底下好乘凉

释义：比喻有所依托，事情就好办。大树底下之所以好乘凉，与光沿直线传播有关。

物理元素：光沿直线传播。

（2）身正不怕影子斜

释义：一个人只要身子站得正，就无所谓投影是倾斜的。通常用来比喻只要为人做事走得正、行得端就没有什么可怕的。

物理元素：光沿直线传播。

【诗词】

（1）"举杯邀明月，对影成三人。"——［唐朝］李白《月下独酌四首·其一》

释义：举杯邀请明月，对着身影成为三人。

物理元素：光沿直线传播。

（2）"疏影横斜水清浅，暗香浮动月黄昏。"——［宋朝］林逋《山园小梅》

释义：稀疏的影儿，横斜在清浅的水中，清幽的芬芳浮动在黄昏的月光之下。

物理元素：光沿直线传播。

（3）"插空天柱壮，障日石屏高。"——［宋朝］戴复古《灵峰灵岩有天柱石屏之胜自昔号二灵》

释义：参天树木直插云霄，雄奇巨石遮云蔽日。

物理元素：树荫是光沿直线传播照射在树上，由于枝叶遮挡光线去向，因而落下投影。

（4）"人有悲欢离合，月有阴晴圆缺。"——［宋朝］苏轼《水调歌头》

释义：人有悲欢离合的变迁，月有阴晴圆缺的转换。

物理元素：月的阴晴圆缺是太阳光沿直线传播时，月面呈现不同的投影。

（5）"可怜九月初三夜，露似真珠月似弓。"——［唐朝］白居易《暮江吟》

释义：最可爱的是那九月初三之夜，露似珍珠一颗颗，新月形状如弯弓。

物理元素："月似弓"是光沿直线传播而形成的。

（6）"重重叠叠上瑶台，几度呼童扫不开；刚被太阳收拾去，又教明月送将来。"——［宋朝］苏轼《花影》

释义：亭台上的花影一层又一层，几次叫仆人去清扫都扫不掉。傍晚太阳下山花影刚刚消失，可是月亮升起，花影又重重叠叠出现了。

物理元素：花影是光沿直线传播而形成的。

62. 光的反射

【成语】

（1）波光粼粼

释义：描述的是太阳光经过波动的水面反射后进入人眼的感觉。

物理元素：波光粼粼形容水面明净，其实是光的反射现象，水面是动态的，可以看成很多小镜子，光照在上面，除少许穿透形成折射外，多数都返回空气中，看起来就会有波光粼粼的效果了。

（2）珠光宝气

释义：珠光宝气是说服饰华贵富丽，身上的珠宝闪耀着动人的光色。玉或者宝石类制成的饰品，玉和宝石能够反射光芒，所以戴上就可以熠熠生辉。

物理元素：描述的是光在珠宝的表面反射后进入人眼的感觉。

（3）杯弓蛇影

释义：故事的内容是有一年夏天，县令应郴请主簿杜宣来饮酒。酒席设在厅堂里，北墙上悬挂着一张红色的弓。杜宣在饮酒时看见一条蛇在酒杯中蠕动，顿时冷汗涔涔。但县令是他的上司，又是特地请他来饮酒

◎杯弓蛇影

的，不敢不饮，所以硬着头皮喝了几口。仆人再斟时，他借故推却，起身告辞走了。回到家里，杜宣越来越疑心刚才饮下的是有蛇的酒，又感到随酒入口的蛇在肚中蠕动，觉得胸腹部疼痛异常，难以忍受，吃饭、喝水都非常困难。家里人赶紧请大夫来诊治。但他服了许多药，病情还是不见好转。过了几天，应郴有事到杜宣家中，问他怎么会闹病的，杜宣便讲了那天饮酒时酒杯中有蛇的事。应郴极为吃惊，大惑不解，安慰他几句，就回家了。应郴坐在厅堂里反复回忆和思考，弄不明白杜宣酒杯里怎么会有蛇的。突然，北墙上的那张红色的弓引起了他的注意。他立即坐在那天杜宣坐的位置上，取来一杯酒，也放在原来的位置上。结果发现，酒杯中有弓的影子，不细细观看，确实像是一条蛇在蠕动。应郴马上命人用马车把杜宣接来，让他坐在原位上，叫他仔细观看酒杯里的影子，并说："你说的杯中的蛇，不过是墙上那张弓的倒影罢了，没有其他什么怪东西。现在你可以放心了！"杜宣弄清原委后，疑虑立即消失，病也很快痊愈了。这个故事产生的原因是由于光线反射，所以杜宣把酒杯中映入了弓的影子看成了蛇。

物理元素：光的反射。

【俗语】

（1）山水相映

释义：山倒影水中，水里有山的倒影，水的波光又照亮山的苍绿。湖面映出了山的倒影。它说明了光的反射、平面镜成像的物理现象。平静的湖面映出了山的倒影。就是山在光的照耀下，反射到湖面，在平静的湖面形成的虚像。

物理元素：描述的是山上的光在水面上反射形成倒立的影子。

（2）青出于蓝而胜于蓝

释义：靛青是从蓼蓝等草中提炼出来的，但颜色却比蓼蓝等更深。比喻学生胜过老师或后人胜过前人。

◎山水相映

物理元素：这句成语又与物理现象有着惊人的巧合，在现实生活中，绿色颜料也是由蓝色颜料配制而成。黄颜料除了反射黄光，还反射橙光和绿光，同时吸收其他色光；蓝颜料除了反射蓝光，还反射绿光，同进吸收其他色光。这两种颜料混合在一起，就反射绿光，混合颜料就呈绿色了。

（3）玉不琢不成器

释义：玉石没有研磨之前，其表面凸凹不平，光线发生漫反射，玉石研磨以后，其表面平滑，光线发生镜面反射。

物理元素：镜面反射和漫反射。

【诗词】

（1）"峨眉山月半轮秋，影入平羌江水流。"——[唐朝]李白《峨眉山月歌》

释义：意思是半轮明月高高悬挂在峨眉山前，青衣江澄澈的水面倒映着月影。

物理元素：描述的是月出的光在水面的反射。

（2）"春江潮水连海平，海上明月共潮生。滟滟随波千万里，何处春江无月明。"——[唐朝] 张若虚《春江花月夜》

释义：春天的江潮水势浩荡，与大海连成一片，一轮明月从海上升起，好像与潮水一起涌出来。月光照耀着春江，随着波浪闪耀千万里，所有地方的春江都有明亮的月光。

物理元素：描述的是月光在水面的反射。

（3）"岸上蹄踏踏，水中嘴对嘴。"——[宋朝] 黄庭坚《禅句二首》

释义：白头老翁骑驴岸边游，驴在岸边饮水，水面上就会出现驴子的像，这是光的反射形成的虚像，光照射到驴儿身上，反射到水中，水面就好像一面镜子，可以反射出驴儿用嘴喝水的影子，故而能看到蹄踏踏、嘴对嘴的景象。

物理元素：描述的是动物在岸边喝水时光的反射情景。

（4）"白云生镜里，明月落阶前。"——[唐朝] 杜牧《盆池》

释义：诗人于阶前平地上挖一小池，池中注水，盆池就诞生了。与小池相比，盆池更小更简单，注水后，水面即是镜面，照耀云和月的光反射到水中，诗人就可以从水中观云赏月了，这是古人联通自然，养鱼养花，怡情养性的一种方式。

物理元素：描述的是白云和明月的光在水中的反射。

（5）"野旷天低树，江清月近人。"——[唐朝] 孟浩然《宿建德江》

释义：意思是原野无边无际，远处的天空比近处的树林还要低，江水清清，明月好似更与人接近。

物理元素：描述的是月光在水中的反射。

（6）"群峰倒影山浮水，无山无水不入神。"——[近代] 吴迈《桂林

山水》

释义：群山矗立在水边，水中有群山的倒影，水面反射了山的虚像，致使我们能从水中看到山，这是光的反射现象，桂林没有哪一座山不引人入胜，没有哪一处水不吸引人。

物理元素：描述的是群山在水中的反射形成的倒影。

（7）"去年今日此门中，人面桃花相映红。"——[唐朝]崔护《题都城南庄》

释义：桃花和人面之所以是红色，诗中用"映"描述，两者互相映衬。

物理元素：用现在的知识解释其原因是不透明物体的颜色是由他反射的光决定的。

（8）"半亩方塘一鉴开，天光云影共徘徊。"——[南宋朝]朱熹《观书有感》

释义：意思是半亩大的方形池塘像一面镜子一样打开，天光、云影在水面上闪耀浮动。

物理元素：光的反射。

（9）"宝钗好耀首，明镜可鉴形。"——[汉朝]秦嘉《赠妇诗三首》

释义：戴上珠玉宝钗能使容颜生辉，擦亮的明镜可以照鉴身形，这其实是镜面反射的现象。"宝钗"借指玉或者宝石类制成的饰品，玉和宝石能够反射光芒，所以戴上就可以熠熠生辉；铜镜可以鉴别人的外形体貌，是因为可见光照射到人的身上，人的身体将光反射到铜镜，铜镜又将光反射到人的眼睛里，我们就可以从铜镜中清楚地看到自己的容貌体型。

物理元素：描述的是平面镜反射成像。

（10）"不知明镜里，何处得秋霜。"——[唐朝]李白《秋浦歌·白发三

千丈》

释义：诗人李白在铜镜中看到自己头发花白，感叹时光流逝。铜镜越光滑，光线反射越规律，所成像越清晰。

物理元素：描述的是平面镜反射成像。

（11）"黑云压城城欲摧，甲光向日金鳞开。"——［唐朝］李贺《雁门太守行》

释义：意思是战事紧急，像乌云层层笼罩，要把城头压垮似的，战士们的铠甲在日光照射下金光闪烁。

物理元素：描述的是太阳光在铠甲表面反射。

（12）"一道残阳铺水中，半江瑟瑟半江红。"——［唐朝］白居易《暮江吟》

释义：意思是夕阳的霞光柔和地铺在江水上，江水一半碧绿，一半艳红。

物理元素：描述的是夕阳发出的光在江水表面的反射。

（13）"湖光秋月两相和，潭面无风镜未磨，遥望洞庭山水翠，白银盘里一青螺。"——［唐朝］刘禹锡《望洞庭》

释义：意思是洞庭湖水色与月光互相辉映，湖面风平浪静，犹如未磨的铜镜，远远眺望洞庭湖山水苍翠如墨，好似白银盘里托着一枚青螺。

物理元素：描述了秋天的月光照射在水面上，像镜子没磨时光泽暗淡的样子。

（14）"绿树浓阴夏日长，楼台倒影入池塘。"——［唐朝］高骈《山亭夏日》

释义：描写了酷夏特有的情趣，并表达了诗人愉悦的心情。从物理学的角度,诗句中"浓阴"的形成说明了光沿直线传播,而"楼台倒影"则是光的反射现象,所成的像是正立的虚像。

物理元素:树荫是光沿直线传播的结果,倒影是光的反射现象。

(15)"君看池水湛然时,何曾不受花枝影。"——[唐朝]吕温《戏赠灵澈上人》

释义:你看那清澈见底的池水,又哪里没有花枝的倒影呢?

物理元素:花枝影是光的反射现象。

(16)"接天莲叶无穷碧,映日荷花别样红。"——[宋朝]杨万里《晓出净慈寺送林子方》

释义:不透明物体的颜色是由他反射的光决定的。

物理元素:映日荷花显得特别红,是光的反射现象。

(17)"漠漠轻阴晚自开,青天白日映楼台。"——[唐朝]韩愈《同水部张员外籍曲江春游寄白二十二舍人》

释义:淡淡的阴云薄雾傍晚自行散开,万里青天白日朗朗映照着楼台。

物理元素:映楼台是光的反射现象。

(18)"群峰倒影山浮水,无山无水不入神。"——[民国]吴迈《桂林山水》

释义:座座山峰倒映在水中,每一座山、每一条水都仿若仙境。

物理元素:倒影是光的反射现象。

(19)"孤帆远影碧空尽,唯见长江天际流。"——[唐朝]李白《黄鹤楼送孟浩然之广陵》

释义:友人的孤船帆影渐渐地远去,消失在碧空的尽头,只看见一线长江，向邈远的天际奔流。

物理元素：光沿直线传播，遇物成影。

63. 平面镜成像

【成语】

（1）水中望月

释义：在水中看月亮，比喻可望而不可即，白费力气，事情根本办不到。

物理元素：平面镜成像。

（2）水中捞月

释义：到水中去捞月亮。比喻去做根本做不到的事情，只能白费力气。

物理元素：月亮的倒影是平面镜成像，不是真实的月亮。

（3）海底捞月

释义：到水中去捞月亮。比喻去做根本做不到的事，只能白费力气。

物理元素：月亮的倒影是平面镜成像。

（4）山水相映

释义：形容景色美好，自然天成，水里有山的倒影，水的波光又照亮山的苍绿。

物理元素：山水的倒影是平面镜成像。

（5）水中倒影

释义：湖边或水边的景物在水中呈现出的影子。

物理元素：影子是平面镜成像。

（6）波光粼粼

释义：形容波光明净。波光：阳光或月光照在水波上反射过来的光。粼粼：形容水面清澈明净。

物理元素：镜面反射现象。

（7）刀光剑影

释义：隐约显现出刀的闪光和剑的影子，形容环境充满了凶险的气氛。

物理元素：刀光剑影是光的反射。

（8）浮光掠影

释义：水面上的反光和一闪而过的影子。比喻观察不细致，没有深刻的印象；又指文章言论的肤浅，无真知实学。

物理元素：影子是平面镜成像。

（9）珠光宝气

释义：珠、宝，指首饰；光、气，形容闪耀着光彩。旧时形容妇女服饰华贵富丽，闪耀着珍宝的光色。

物理元素：珠光是平面镜成像原理。

（10）镜花水月

释义："水中月，镜中花"，"捞不到的是水中月，摘不到是镜中花"。

物理元素：中国古人并不明白平面镜成像的原理，却能够用这样一句成语来比喻虚幻的事物，也确实显出他们的高明。铜镜和水面都可以算作平面镜，而平面镜是等大正立的像，花和月的倒影有一定的迷惑性。不过它们的像却是虚像，是反射光线反向延长线的交点，这也就印证了前面所说的虚幻。

【俗语】

(1) 一石击破水中天

释义：平静的水面就像一面镜子，映照着天空，石头扔入水中，水面泛起涟漪，就像水中的天空被击破一样。

物理元素：平面镜成像原理。

(2) 猪八戒照镜子——里外不是人

释义：根据平面镜成像的规律，平面镜所成的像大小相等，物像对称，因此猪八戒看到的像和自己"一模一样"，仍然是个猪像，自然就"里外不是人了"。

物理元素：平面镜成像原理。

(3) 湖静映彩霞

释义：风平浪静的湖面犹如一面镜子，倒映着天空的云霞。

物理元素：平面镜成像原理。

(4) 猴子捞月亮

释义：这是一个童话故事。

一群猴子在林子里玩

◎猴子捞月亮

耍，它们有的在树上蹦蹦跳跳，有的在地上打打闹闹，好不快活。它们中的一只小猴独自跑到林子旁边的一口井旁玩耍，它趴在井沿，往井里边一伸脖子，忽然大叫起来："不得了啦，不得了啦！月亮掉到井里去了！"原来，小猴看到井里有个月亮。一只大猴听到叫声，跑到井边朝井里一看，也吃了一惊，跟着大叫起来："糟了，糟了，月亮掉到井里去啦！"它们的叫声惊动了猴群，老猴带着一大群猴子都朝井边跑来。当它们看到井里的月亮时，都一起惊叫起来："哎呀，完了，哎呀，完了！月亮真的掉到井里去了！"猴子们叽叽喳喳地叫着、闹着。最后，老猴说："大家别嚷嚷了，我们快想办法把月亮捞起来吧！"众猴都义不容辞地响应老猴的建议，加入捞月的队伍中。井旁边有一棵老槐树，老猴率先跳到树上，自己头朝下倒挂在树上，其他的猴子就依次一个一个你抱我的腿，我勾你的头，挂成一长条，头朝下一直深入井中。小猴子体轻，挂在最下边，它的手伸到井水中，都可以抓住月亮了。众猴想，这下我们总可以把月亮捞上来了。它们很是高兴。小猴子将手伸到井水中，对着明晃晃的月亮一把抓起，可是除了抓住几滴水珠外，怎么也抓不到月亮。小猴这样不停地抓呀、捞呀，折腾了老半天，依然捞不着月亮。倒挂了半天的猴们觉得很累，都有点支持不住了。有的开始埋怨说："快些捞呀，怎么还没捞起来呢？"有的叫着："妈呀，我挂不住啦！挂不住啦！"老猴子也渐渐腰酸腿疼，它猛一抬头，忽然发现月亮依然在天上，于是它大声说："不用捞了，不用捞了，月亮还在天上呢！"众猴都抬头朝天上看，月亮果真好端端在天上呢。

　　物理元素：平面镜成像原理。

【诗词】

(1) "岸上蹄踏蹄,水中嘴对嘴。"——[宋朝] 黄庭坚《禅句二首》

释义:驴在水中饮水,水中倒映着驴的影子,就出现了"岸上蹄踏蹄,水中嘴对嘴"的景象。

物理元素:平面镜成像原理。

(2) "宝钗好耀首,明镜可鉴形。"——[汉朝] 秦嘉《赠妇诗三首》

释义:头上戴着宝钗可以让发髻闪闪发光,明亮的铜镜可以照出人的身形。

物理元素:平面镜成像原理。

(3) "湖光秋月两相和,潭面无风镜未磨。"——[唐朝] 刘禹锡《望洞庭》

释义:风静浪息,月光和水色交融在一起。湖面就像不曾磨拭的铜镜,影影绰绰。

物理元素:平面镜成像原理。

(4) "一道残阳铺水中,半江瑟瑟半江红。"——[唐朝] 白居易《暮江吟》

释义:"残阳铺水中"是由于光的反射、镜面成像而形成的。

物理元素:平面镜成像原理。

(5) "白云生镜里,明月落阶前。"——[唐朝] 杜牧《盆池》

释义:池塘如一面明镜,白云在池水中的倒影仿佛白云就在池子中,月亮也仿佛跌落在池塘里。

物理元素:平面镜成像原理。

（6）"掬水月在手，弄花香满衣。"——[唐朝] 于良史《春山夜月》

释义：掬起一捧水，天上的明月便倒映在手心，赏玩花草，花香便沾满了衣襟。

物理元素：平面镜成像原理。

（7）"野旷天低树，江清月近人。"——[唐朝] 孟浩然《宿建德江》

释义：旷野无边无际，远天比树还低沉，江水清清，明月仿佛与人很近。

物理元素：平面镜成像原理。

（8）"九曲清流绕武夷，棹歌首唱自朱熹。幽兰生谷香生径，方竹满山绿满溪。"——[当代] 郭沫若《游武夷山泛舟九曲》

释义：九曲江水绕着武夷山，船夫们唱着朱熹的《九曲棹歌》，闻到深山中的花香，满山的竹子倒影在小溪中。

物理元素：平面镜成像原理。

（9）"不知明镜里，何处得秋霜。"——[唐朝] 李白《秋浦歌·白发三千丈》

释义：不知在明镜之中，是何处的秋霜落在了我的头上。

物理元素：平面镜成像原理。

（10）"半亩方塘一鉴开，天光云影共徘徊。"——[宋朝] 朱熹《观书有感》

释义：半亩大的方形池塘像一面镜子一样打开，清澈明净，天光云影在水面上闪耀浮动。

物理元素：平面镜成像原理。

(11) "峨眉山月半轮秋，影入平羌江水流。"——[唐朝] 李白《峨眉山月歌》

释义：高峻的峨眉山前，悬挂着半轮秋月。流动的平羌江上，倒映着明亮的月影。

物理元素：平面镜成像原理。

(12) "遥望洞庭山水色，白银盘里一青螺。"——[唐朝] 刘禹锡《望洞庭》

释义：远远眺望洞庭湖山水苍翠如墨，好似白银盘里托着一枚青螺。

物理元素：平面镜成像原理。

(13) "绿树浓荫夏日长，楼台倒影入池塘。"——[唐朝] 高骈《山亭夏日》

释义：夏日绿树葱郁，在地上投下浓荫，楼台的倒影映入了池塘。

物理元素：平面镜成像原理。

(14) "皓月千里，静影沉璧。"——[宋朝] 范仲淹《岳阳楼记》

释义：皎洁的月光一泻千里，静静的月影像沉入水中的玉璧。

物理元素：平面镜成像原理。

64. 光的折射

【古代成就】

(1)《墨经·经说下》中记载："荆，沈，荆之见也。则沈浅非荆浅也。若易五之一。"

解析：意思是沉没的部分只是荆木的外表，因而沉没部分的深浅并非荆木本身的深浅。如果做一个比较，那么可以发现实际深度与表面深度之间的差是五分之一。

物理元素：中国古人不仅观察到光的反射，还发现了光在经过透明物质时传播方向会发生改变，墨家对光的折射进行深入的研究，间接地计算出了水的折射率。

【成语】

（1）空中楼阁

释义：空中楼阁指悬于半空之中的城市楼台，空中楼阁其实是海市蜃楼，海市蜃楼常在海上、沙漠中产生，海市蜃楼是光线在延直线方向传播时，经过密度不同的气层中，由于折射造成的结果。光照射在地球上的物体上以后，经过折射，反映在空气中，就好像亭台楼阁在空中飘浮一样。海市蜃楼的种类很多：根据它出现的位置相对于原物的方位，可以分为上蜃、下蜃和侧蜃；根据它与原物的对称关系，可以分为正蜃、侧蜃、顺蜃和反蜃；根据颜色可以分为彩色蜃景和非彩色蜃景等等。

物理元素：光的折射现象。

（2）海市蜃楼

释义：含义是比喻虚幻的事物。从物理方面解释，它是大气由于光线的折射作用而形成的一种自然现象。日光的照射或上下层气流的温度不同，造成了各层空气密度的较大差异，远处的光线通过密度不同的空气层就发生折射或全反射，这时可以看见在空中或地面以下的物体的影像。这种景象多于夏天出现在沿海或沙漠地带。

物理元素：光的折射现象。

（3）旭日东升

释义：初升的太阳。早上太阳从东方升起，形容朝气蓬勃的景象。

物理元素：光的折射现象。

（4）星光摇曳

释义：夜晚星光闪烁，仿佛在轻轻摇曳。

物理元素：光的折射现象。

【俗语】

（1）一滴水可见太阳，一件事可见精神

释义：一滴水相当于一个凸透镜，根据凸透镜成像的规律，透过一滴水可以有太阳的像，小中见大，是光的折射。

物理元素：光的折射现象。

【诗词】

（1）"潭清疑水浅，荷动知鱼散。"——[唐朝]储光羲《钓鱼湾》

释义：俯首碧潭，水清见底，因而怀疑水浅会没有鱼；蓦然见到荷叶摇晃，才得知水中的鱼受惊游散了。

物理元素："潭清疑水浅"是由于光的折射而产生，所以池水看起来变浅。

（2）"大漠孤烟直，长河落日圆。"——[唐朝]王维《使至塞上》

释义：浩瀚沙漠中孤烟直上，黄河边上落日浑圆，诗人观察到的落日并非太阳的实际位置，而是光线经过不均匀大气时发生光的折射而成的像。

物理元素：光的折射现象。

65. 色　散

【古代成就】

（1）东汉蔡邕在《月令章句》中对彩虹的产生条件做了深刻的探讨："虹见有青赤之色，常依阴云而昼见于日冲。无云不见，太阳亦不见，见辄与日相互，率以日西，见于东方。"

解析：蔡邕描述的是雨过天晴之后，太阳光照射到薄薄的雨雾上，众多小水珠对太阳光的反射和折射形成了彩虹。

物理元素：彩虹是光的色散现象。

（2）唐朝孔颖达《礼记注疏》中有记载："若云薄漏日，日照雨滴则虹生。"

解析：明确指出了"日照"和"雨滴"是产生虹的条件。

物理元素：虹是光的色散现象。

（3）唐朝道士张志和第一次用实验方法得出人工造虹，他在《玄真子·涛之灵》中明确指出："背日喷乎水，成虹霓之状。"

解析：意思是人背着太阳所在的方向向空中喷水，就可以看见虹霓现象。

物理元素：虹是光的色散现象。

（4）南宋时期蔡卞在《毛诗名物解》中指出："今以水喷日，自侧视之则晕为虹。"

解析：蔡卞不仅重复了《玄真子》中的实验方法，而且更进一步指出了观察者所在的位置。这些描述都是人造彩虹现象，而国外对虹的成因做出解释的是在 13 世纪，因此，我国对虹成因的正确描述比西方早约 600 年。

物理元素：彩虹是光的色散现象。

（5）南北朝时期，梁元帝萧绎的《金楼子》里记载着一种叫君王盐或玉华盐的透明天然晶体的色散现象，"有如水晶，及其映日，光似琥珀"。

解析："琥珀"颜色呈红、黄、褐色，就是说白光通过晶体折射后呈现出几种色光来，这是关于晶体色散的最早记录。

物理元素：光的色散现象。

（6）晋朝葛洪在《抱朴子·内篇》中写道："云母有五种。而人多不能分别也。法当举以向日，看其色。详占视之，乃可知耳。正尔于阴地，视之不见其杂色也。五色并具而多青者，名云英，宜以春服之。五色并具而多赤者名云珠，宜以夏服之。五色并具而多白者名云液，宜以秋服之。五色并具而多黑者名云母，宜以冬服之。"

解析：意思是利用云母这种天然晶体对白光进行色散，就会出现"五色并具"的现象，然后根据五色的比例对云母进行分类。

物理元素：光的色散现象。

（7）梁朝道书《太清石壁记》中写道："取其云母向日看，五色焕烂，然无瑕秽者良。"

解析：这是依据云母的色散状况和有无杂质，确定云母的优劣。

物理元素：光的色散现象。

（8）唐朝药学家孙思邈在《枕中记》里讨论云母的种类时说道："云母有八种，各有异名，向日视之，乃别。色黄白而多青者，名云英，宜春服之。色青黄煌煌而多赤者，名云珠，宜夏服之。色如冰雪，乍黄乍白者，名雪沙，季夏服之。色黄白蠹晶者，名云光，宜秋服之。色青白而多黑者，名磷石，宜冬服之。五色备者，名云母，四时可服。其余不可入药。"

解析：这里描述的是利用云母的色散现象对其分类，判断是否可以药用。

物理元素：光的色散现象。

（9）北宋的杨亿在《杨文公谈苑》中记述了这样一件事："嘉州峨眉山有菩萨石，人多收之，色莹白如玉，如上饶水晶之类，日射之有五色。"

解析：这里的"五色"是青、赤、黄、白、黑，泛指菩萨石被日光照射而产生的五种颜色。

物理元素：光的色散现象。

（10）明朝科学家方以智在《物理小识》里对各种色散现象进行了总结："凡宝石面凸则光成一条，有数棱者，则必一面五色。如峨眉放光石，六面也；水晶压纸，三面也，烧料三面水晶亦五色；峡日射飞泉成五色；人于回墙间向日喷水，亦成五色。故知虹霓之彩，星月之晕，五色之云，皆同此理。"

解析：他指出自然晶体、人造透明体、雨露水滴、江上飞泉、墙间喷雾，它们承日光照射形成的五色和虹霓现象、日月晕、云彩等现象是相同的道理，都是白光的色散现象。

物理元素：光的色散现象。

（11）战国时的屈原在《远游》中对"虹"进行了描述："建雄虹之采旄兮，五色杂而炫耀。"

解析：意思是竖起插着旄头的霓虹之旗，五色斑斓纷杂，闪耀明艳。古人认为彩虹由两部分组成，外侧较鲜艳的部分称为虹，属雄性；内侧较暗较少光彩的部分称为霓，属雌性。最早在殷朝的甲骨文中出现了"虹"

字，卜辞中有关于虹的记载。中国古人通过观察天然彩虹和天然晶体对日光的色散现象，认识到日光可以色散成赤、橙、黄、绿、青、蓝、紫等单色光。

物理元素：光的色散现象。

【成语】

（1）月晕而风

释义：描述的是大风来临时，高空中气温迅速下降，水蒸气凝结成小水滴，这些小水滴相当于许多三棱镜，月光通过这些三棱镜发生色散，形成彩色的月晕，故有月晕而风之说。础润即地面反潮，大雨来临之前，空气湿度较大，地面温度较低，靠近地面的水汽遇冷凝聚为小水珠，另外，地面含有的盐分容易吸附潮湿的水汽，故地面反潮预示大雨将至。

物理元素：光的色散现象。

（2）五彩缤纷

释义：五彩缤纷是指颜色艳丽多样。其实这是因为不透明物质折射率不同，光在经过两个不同透明物质界面时，会发生光的折射，将复色光进行色散。我们就可以看到不同的颜色了。

物理元素：光的色散现象。

（3）五光十色

释义：五光十色是形容色彩鲜艳，花样繁多。白光经折射以后，分成各种彩色光。

物理元素：光的色散现象。

【诗词】

（1）"香炉初上日，瀑水喷成虹。"——［唐朝］孟浩然《彭蠡湖中望庐山》

释义：香炉峰升起一轮红日，飞瀑映照幻化成彩虹。

物理元素：该诗不仅记录了"虹"这一自然现象，还揭示了产生"虹"的两个条件：光和小水珠。

（2）"朝辞白帝彩云间，千里江陵一日还。"——［唐朝］李白《早发白帝城》

释义：早晨辞别云彩缭绕的白帝城，千里之遥的江陵，一天之间就已经到达。

物理元素：彩云是光的色散现象。

（3）"赤橙黄绿青蓝紫，谁持彩练当空舞？"——毛泽东《菩萨蛮·大柏地》

释义：空中有赤橙黄绿青蓝紫，而谁又在手持这彩虹临空舞蹈？

物理元素：彩虹是光的色散现象。

透镜及其应用

66. 透　镜

【古代成就】

(1) 冰透镜

解析： 一千六百多年前，我国西汉《淮南万毕术》记载："削冰命圆，举以向日，以艾承其影，则得火。"这里的冰就是指冰透镜，艾就是指引火物——艾绒。晋朝学者张华在《博物志》中也有类似的记载。

◎透镜的实验

物理元素： 透镜的实验。

（2）谭峭约著于 940 年的《化书》中有如下记载："小人常有四镜。一名圭，一名珠，一名砥，一名盂。圭视者大，珠视者小，砥视者正，盂视者倒。观彼之器，察我之形，由是无大小，无短长，无妍丑，无美恶。"

解析：意思是在我身边总有四个透镜。第一个称为"圭"（双凹透镜），第二个称为"珠"（双凸透镜），第三个称为"砥"（平凹透镜），第四个称为"盂"（平凸透镜）。用圭，物（比像）大。用珠，物（比像）小。用砥，像正立。用盂，像倒立。当人们通过这些器具看人的外形时，就会理解没有什么东西是大或小，美或丑。

物理元素：凸透镜和凹透镜。

67. 凸透镜成像的规律

【俗语】

（1）一滴水可见太阳，一件事可见精神

释义：意思是一滴水相当于一个凸透镜，根据凸透镜成像的原理，透过一滴水可以有太阳的像，小中见大。

物理元素：凸透镜成像的规律。

68. 眼睛和眼镜

【古代成就】

（1）南宋学者赵希鹄在《洞天清录》中写道："叆叇，老人不辨细书，以此掩目则明。元人小说言叆叇出西域。"

解析："叆叇"指"眼镜",形状像大的钱币,颜色像云母。老人头昏眼花、视力疲倦,不能阅读小字时,他们将"叆叇"戴在眼睛上。于是又能集中眼力,字的笔画显得加倍清楚。

物理元素:中国古代对眼镜的认识。

Part 5

第五辑

电磁学

电

69. 对电荷的认识

【古代成就】

(1) 战国后期《春秋谷梁传》中写道："阴阳相薄，感而为雷，激而为霆。霆，电也。"

解析：宇宙万物的运动变化都是由阴阳两种因素相互作用所决定的，古人用这种观念解释雷电现象，认为雷电是阴阳激烈作用而产生的。

物理元素：中国古人通过观察和解释雷电现象对电荷有了一定的认识，古人盛行元气自然观和阴阳学说，认为宇宙万物都是由元气凝聚而成的，空间也充满了细微五行的气。

(2)《淮南子·地形训》中也有记载："阴阳相薄为雷，激扬为电。"

解析：这里的"薄"是搏击的意思，古人相信自然界中的阴阳二气相互搏击产生雷，相互激烈的作用产生了电。

物理元素：这里的电有"阴电"，也就是我们现在所认识的负电，也有"阳电",也就是我们现在所认识的正电。

70. 电荷间的相互作用

【古代成就】

(1) 西晋张华《博物志》:"今人梳头、脱着衣时,有随梳、解结有光者,亦有咤声。"

解析:这里描述了两个静电实验:一是用梳子梳头发;二是猛然解脱毛皮或丝绸质料衣服。在这两个实验中都能发现静电闪光和听到放电声。这是静电闪光和放电声的最早记录。

物理元素:电荷间的相互作用。

【成语】

(1) 怒发冲冠

释义:该成语出自《庄子·盗跖》:"盗跖闻之大怒,目如明星,发上指冠。"意思是指愤怒得头发直竖,顶着帽子。形容极端愤怒。这一情景可以在物理中进行模拟。科技馆中常有"静电球",当人触摸静电球时,头发就会一根根竖起来,形成"怒发冲冠"的景象。

物理元素:这涉及的物理知识就是静电现象中的"同种电荷相互排斥"。

71. 摩擦起电

【古代成就】

(1) 西晋张华在《博物志》中记载："今人梳头、脱衣时，有随梳，解结有光者，亦有咤声。"

解析： 意思是梳头时头发"随梳"是因为摩擦后梳子与头发带有异种电荷，而异种电荷相互吸引；"解结"是因为头发因摩擦后带有同种电荷，同种电荷相互排斥；"有光"则是由于摩擦使物体带有大量静电形成高压而产生的放电现象。

物理元素： 中国古人通过对生活的观察，得出摩擦可以起电的结论。

(2) 汉朝王充在《论衡·乱龙篇》中写道："顿牟掇芥，磁石引针，皆以其真是、不假他类。"

解析： 玳瑁是一种类似龟的海生爬行动物，其甲壳也叫玳瑁，汉朝王充等人称它为"顿牟"。

物理元素： 摩擦起电现象。

(3)《晋书·五行志》记载了这样一件事：晋永康元年（300年），晋惠帝司马衷纳羊氏为后。羊氏入宫就寝，侍人为其解脱衣服，"衣中忽有火，众咸怪之"。

解析： 方以智认为，所有布料都能摩擦起电。他写道："青布衣，大红西洋布及人身之衣，气盛者皆能出火。"

物理元素： 能摩擦起电和电火花。

72. 导体和绝缘体

【古代成就】

(1) 萧子显的《南齐书·五行志》中有记载了一次雷击事件："永明八年四月六日，雷震，会稽山阴恒山保林寺，刹上四破，电火烧塔，下佛面窗户不异也。"

解析：通过以上两个雷击事件可以看出古人认识到不是所有物质都能导电，雕塑的佛像由于表面涂抹了金粉所以受到雷击时导电以致烧坏，而窗户是由木材做成的，不导电，因此安然无恙。

物理元素：导体和绝缘体。

73. 带电体能吸引轻小物体

【古代成就】

(1) 西汉末年的《春秋纬·考异邮》中有"玳瑁吸衣若"之说。

解析："衣若"指细小的物体，"玳瑁"是指一种海龟类的动物，摩擦后的甲壳可以带电。

物理元素：带电体可以吸引轻小物体。

(2) 汉朝王允《论衡》中有"顿牟掇芥"的记载。

解析："顿牟"就是玳瑁，"芥"是小草的种子。

物理元素：带电体可以吸引轻小物体。

(3) 东汉郭璞的《山海经图赞》中也有"玳瑁取芥"之说。

解析：海龟类的动物可以吸引轻小的种子。

物理元素：带电体可以吸引轻小物体。

(4) 宋朝张邦基《墨庄漫录》记载："皇宫中每幸诸阁，掷龙脑以辟（避）秽。过则以翠羽扫之，皆聚，无有遗者。"

解析：说明这些材料经过摩擦的玳瑁带上了电后可以吸引草芥等细小的物体。

物理元素：带电体可以吸引轻小物体。

74. 尖端放电与避雷针

【古代成就】

(1)《汉书·西域记》中有"元始中（公元3年）……矛端生火"的记载。

解析：矛的尖端可以放出电火花。

物理元素：尖端放电现象。

(2) 刘宋朝盛弘之《荆州记》记载："湖阳县，春秋参国樊重之邑也。重母畏雷，为母立石室以避之，悉以文石为阶砌，至今犹存。"

解析：古代人曾以大青石建造"避雷室"，其原理大概与绝缘避雷说相同。

物理元素：避雷原理。

(3) 唐朝《炙毂子》一书在记载了这样一件事：汉朝时柏梁殿遭到火灾，一位巫师建议，将一块鱼尾形状的铜瓦放在层顶上，就可以防止雷电所引起的天火。

解析：屋顶上所设置的鱼尾开头的瓦饰，实际上兼作避雷之用，可认为是现代避雷针的雏形。而早在以前，中国就已经有了避雷针，一般以龙头为装饰，龙嘴里有避雷针头。

物理元素：避雷针。

（4）法国旅行家卡勃里欧别·戴马甘兰 1688 年所著的《中国新事》一书中记有：中国屋脊两头，都有一个仰起的龙头，龙口吐出曲折的金属舌头，伸向天空，舌根联结一根细的铁丝，直通地下。

解析：这种奇妙的装置，在发生雷电的时刻就大显神通，若雷电击中了屋宇，电流就会从龙舌沿线通行至地底，避免雷电击毁建筑物。

物理元素：这说明中国古代建筑上的避雷装置，在大批量和结构上已和现代避雷针基本相似。

磁

75. 磁石和磁现象

【古代成就】

(1) 战国《周礼·天官·疡医》写道："凡疗疡以五毒攻之。"汉朝《神农本草经》写道："磁石，味辛寒，主周痹风湿，肢节中痛，不可持物，洗洗酸消，除大热烦满及耳聋。"

解析：古代人从中医理论出发，总结了磁石的药性及其所能治疗的疾病，这说明古代许多方法是现代所谓磁疗的始祖。

物理元素：磁石，中药名。为氧化物类矿物尖晶石族磁铁矿，主含四氧化三铁（Fe_3O_4）。采挖后，除去杂石。

(2)《管子·地数》中写道："上有丹砂者，下有黄金。上有慈石者，下有铜金；上有陵石者，下有铅锡赤铜；上有赭者，下有铁。"

解析：天然磁铁矿具有磁性，称为磁石。秦汉时期，人们称磁石为"慈石"。春秋战国时期，由于炼铁技术的兴起，人们发现了磁铁矿与其他矿物的共生关系。

物理元素：天然磁石。

(3)《吕氏春秋·季秋纪·精通篇》中写道："慈石召铁，或引之也。"

解析：几千年来，中国人对磁石释义一直持此说法。

物理元素：这表明，中国古人早在公元前 7 世纪已经发现了磁石的吸引性质。

(4)《鬼谷子·反应篇》记有"慈石之取针"。

解析："针"当为铁针。

物理元素：小磁针。

(5) 李时珍在《本草纲目》中写道："慈石引铁，如慈母之招子，故名。"

解析：由此可知古人认为"慈石"是一种对铁具有吸引力的石头；大约在唐宋年间，将"慈石"写成"磁石"。

物理元素：磁石可以吸铁，但它不能吸引其他某些物质，这一现象也为古代人所发现。

(6) 五代十国的谭峭指出："琥珀不能呼腐芥，磁石不能取惫铁。"

解析：这里的"惫铁"指的是锈蚀的氧化亚铁（FeO）。

物理元素：这些都说明磁石不吸引除了铁以外的其他金属。

(7) 刘宋时期《证类本草》中指出："夫欲验者，一斤磁石，四面只吸铁一斤者，此名延年砂；四面只吸铁八两者，号曰续采石；四面只吸铁五两以内者，号曰磁石。"

解析：古代人的这种分类法可以看作现代对磁性材料的分类之开始。

物理元素：磁铁的分类。

(8) 成书于汉朝的战国秦汉期间药物知识的总结性著作《神农本草

经》中有："慈石，味辛寒，主周痹风湿，肢节中痛，不可持物，洗洗酸消，除大热烦满及耳聋。"

解析：现代医学研究表明，磁石所产生的磁场有镇痛的作用。

物理元素：磁铁与医疗。

（9）汉朝《三辅黄图》中记载："阿房宫亦曰阿城，惠文王造宫未成而亡。始皇广其宫规，恢三百余里……作阿房前殿，东西五十步，南北五十丈，上可坐万人，下建五旗。以木兰为梁，以磁石为门，怀刃者止之。"

解析：阿房宫的磁石门，如果有人身上藏着兵器入门，就会被门吸住。

物理元素：磁铁与建筑。

（10）汉朝《淮南万毕术》中记载了"磁石提棋"。

解析：就是利用磁石使棋子相互吸引的现象。高诱注释《淮南子》时说道："取鸡血，磨针铁，以相和磁石碁头，置局上，自相投也。"意思是用针磨铁，再用鸡血将磨下的铁屑粘在一起，并与磁石在一起放置一段时间，然后将这些有磁性的铁屑涂抹在棋子上，晒干后，放在棋盘上，结果棋子间相互吸引。

物理元素：磁石具有南北两极，同名磁极相互排斥，异名磁极相互吸引。中国古人把这个原理利用到了生活中。

（11）汉朝《淮南万毕术》中也记载了"磁石拒棋"，就是利用磁石使棋子相互排斥的现象。高诱注释《淮南子》时说到"取鸡血，作针磨铁，捣之以和磁石，日涂碁头，曝干之，置局上，即相拒不休。"

解析：意思是用针磨铁，用鸡血将磨下的铁屑粘在一起，然后用磁石将铁屑磁化，然后将这些有磁性的铁屑涂抹在棋子上，晒干后，放在棋盘上，结果有些棋子间相互排斥。

物理元素：中国古人会用天然磁石制造人工磁体。

（12）古代人将磁石用于战争之中。据载，晋朝大将马隆在泰始（公元265—274年）中与羌戎战于西北地区，马隆曾以磁石累夹道，阻滞羌人进军；在《晋书·马隆传》有记载："初，凉州刺史杨欣失羌戎之和……奇谋间发，出敌不意。或夹道累磁石，贼负铁销，行不得前，隆卒悉被犀甲，无所留碍，贼以为神。"

解析：看来，"夹道累磁石"在这场战争中起了重要作用，当时中原人习以为常的磁石吸铁的知识，在边疆地区却无人知晓，被视为神奇。

物理元素：磁铁与军事。

【诗词】

（1）"磁石引铁，于金不连。"——［三国］曹植《矫志》

释义：磁石本身就具有磁矩。磁铁能够产生磁场，具有吸引铁磁性物质如铁、镍、钴等金属的特性。

物理元素：磁铁可以吸引铁器，但是不能吸引金子。

76. 磁　场

【古代成就】

（1）晋朝人称"磁石吸铁，隔阔潜应"。

解析：磁石的吸引作用可以在相隔一段空间距离内发生。

物理元素：这大概是关于电磁超距作用的最早的思想。

(2) 宋朝俞琰在《周易参同契发挥》中提道："磁石吸铁，隔碍潜通。"

解析：中国古人对磁现象的观察和研究发现磁石可以吸引与它有一定距离的铁制物体。

物理元素：中国古人对磁场的认识。

(3)《淮南子·览冥训》写道："若以慈石之能连铁也，而求其引瓦则难矣。物固不可以轻重论也。"

解析：磁石的作用可以在相隔一段空间距离内发生，这种现象被晋朝人称之为"磁石吸铁，隔碍潜通"。

物理元素：中国古人对磁场的认识。

【诗词】

(1) "臣心一片磁针石，不指南方誓不休！"——[宋朝] 文天祥《扬子江》

释义：我的心就像那一根磁针，不永远指向南方誓不罢休。

物理元素：地球周围存在磁场，磁体具有指向性。

77. 磁屏蔽

【古代成就】

(1) 清朝刘献廷写道："'磁石吸铁，何物可以隔之？'犹之阿孺曰：'惟铁可以隔耳。'"

解析：可见清初时人们已发现了磁屏蔽现象。

物理元素：磁屏蔽现象。

78. 指南针

◎司南

【古代成就】

（1）指南针

解析：古代叫司南，主要组成部分是一根装在轴上的磁针，磁针在天然地磁场的作用下可以自由转动并保持在磁子午线的切线方向上，磁针的南极指向地理南极（磁场北极），利用这一性能可以辨别方向。常用于航海、大地测量、旅行及军事等方面。物理上指示方向的指南针的发明有三类部件，分别是司南、罗盘和磁针，均属于中国的发明。据《古矿录》记载最早出现于战国时期的磁山一带。指南针是中国古代劳动人民在长期的实践中对磁石磁性认识的结果。作为中国古代四大发明之一，它的发明对人类的科学技术和文明的发展，起了无可估量的作用。在中国古代，指南针起先应用于祭祀、礼仪、军事、占卜以及看风水时确定方位。

物理元素：中国古代的四大发明：造纸术、活字印刷术、火药、指南针。中国是世界上公认发明指南针的国家。指南针的发明是我国古代劳动人民在长期的实践中对物体磁性认识的结果。

（2）最早的记载见于《韩非子·有度》："夫人臣侵其主也，如地形焉，即渐以往，使人主失端，东西易面而不自知，故先王立司南以端朝夕。"

解析：指南针是中国古代的四大发明之一。促进了航海技术的发展，对人类的社会发展和科技进步产生了重要的推动作用。在战国时已有用天然磁铁矿琢磨成的指南针，称为"司南"。

物理元素：天然地磁场指向不变，指南针一直指向南方。

（3）《淮南万毕术》中写道："磁石悬入井，亡人自归。"

解析：意思是取亡人的衣带包裹磁石，悬在井中，亡人的灵魂就能自己回来。认为磁石有指示方向的作用，可以指引亡人归来。

物理元素：古人知道磁石具有指向性。

（4）航海罗盘最早在宋朝朱彧的《萍洲可谈》中记载："舟师识地理，夜则观星，昼则观日，隐晦观指南针。"

解析：意思是在海上航行时，夜间观测星象变化，白天观察太阳运行方向，视野模糊则看指南针。

物理元素：白天观测太阳的位置来判断航向，阴雨天气时用指南针指示方向。

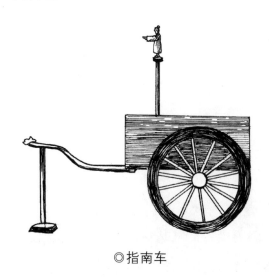

◎指南车

（5）指南车

解析：古代叫司南车，是中国古代用来指示方向的一种装置。它与指南针利用地磁效应不同，它不用磁性。指南车是利用齿轮传动来指明方向的一种简单机械装置。原理是，靠人力来带动两轮的指南车行走，从而带动车内的木制齿轮转动，来传递转向时两个车轮的差动，再来带动车上的指向木人与车转向的方向相反且角度相同，使车上的木人指示方向，不论车子转向何方，木人的手始终指向指南车出发时设置木人指示的方向，"车虽回运而手常指南"。

物理元素：地磁场的方向性。

79. 磁偏角

【古代成就】

(1) 中国关于磁偏角的记录最早见于庆历年间杨维德的《茔原总录》："宜匡四正以无差，当取丙午针，于其正处，中而格之，取方直之正也。"

解析：意思是要定东西南北四正的方向，必须取丙午向的针，然后在丙、午的位置，"中而格之"，找出正南的方向。利用这个方法杨维德测出了磁偏角为7°左右。

物理元素：中国古人在运用罗盘勘察风水时，发现罗盘磁针所指的南北方向与立表测影所得的南北方向之间存在偏差，这种地磁子午向和地理子午向之间的偏差成为地磁偏角。

(2)《本草衍义》曰："'磁石磨针锋则能指南，然常微偏东，不全南也。盖丙午为大火，庚金受其制，古如此。'尝以正方案之一，规均为百刻，而以日景与指南针相较，果指午正之东一刻零三分刻之一。然世俗多不解，考日景以正方向，而唯凭指南针以为正南，岂不误哉。"

解析：朱载堉指出根据日影得出的南北方向才是正确的方向，人们以指南针所指的方向为南北方向是错误的，他将圆周 360° 划分成 100 个刻度，利用这个方法，他测得指南针指向南偏东 "一刻零三分刻之一"。用现代数学表示为 4°48′。

物理元素：地磁偏角的测量。

后　记

2016 年的一个上午，和师父何穆彬通了将近两个小时的电话，谈论的是学生学习物理如何提高国际素养，师父提到了中华文化的博大精深。受到师父的启发，结合多年的思考，我提出了如何在物理学习中增强文化自信。随后，我找到朱行建老师一同申请了中国教育学会十三五教育规划课题"在物理教学中增强文化自信的研究与实践"。在朱老师的引领与指导下，2021 年，课题顺利结题，并被评为了天津市教育学会突出成果。整个过程得到了谷明杰、李素敏、屈卫东、吴宝庆等前辈的支持，更得到了李春密教授与韩彪主任以及刘大庆、王燕、吴宝庆、陈雪梅、吴况丰等几位师父的方向引领与不断的鼓励。

习近平总书记强调教育改革要坚持文化自信，改革的前提是推广，让更多的人认识与思考，然后一同行动起来。对于物理教学中增强文化自信这一项目的推广，在高永静老师的帮助下，北师大教育集团物理教研共同体起了关键的作用。我先后在全国多地进行了关于文化自信的讲座与演讲，有件事是我意料之中，又是意料之外的，那就是每一场讲座教育同仁们都情绪激昂，这些抛砖引玉的讲座引起了更多人的关注与思考，原来大家的内心都有文化自信的星星之火，源于对祖国的热爱，对教育事业的追求，之后我们自发成立的文化自信教学研究团队迅速超过百人，我们共同的梦想就是让优秀的中华文化成为中华民族伟大复兴的基石。

本书就是在这样的背景下创作完成的，其间离不开研究团队的孙长英和曹雪莹两位老师的辛勤工作，尤其是孙长英老师，以多个不眠之夜，为本书的完善付出心血，本书能精益求精，孙老师功不可没。同时，在这里更要感谢我校的程凤春校长，程校长是北师大的教授、博士生导师，学术水平高，对于项目方向的把控与研究事项的指导都高屋建瓴，使学校物理组团队能更加自信地投入研究。

这本书寄托了太多人的期盼，其中还有很多不足，我们希望得到各方的批评指正，欢迎更多的有识之士加入我们，我们一起不断地更新与完善

她，使她不仅成为一本读物，更能引起教育者的思考与研究，更希望她能
激发学生的学习热情与爱国情怀。

2021 年 11 月 20 日

（李锐系北京师范大学天津生态城附属学校校长助理，北京师范大学
教育集团附校发展研究中心研究员）

中华文化里的物理元素